修订本

巨匠诞生
茅盾

王学钧——著

时代出版传媒股份有限公司
安 徽 教 育 出 版 社

图书在版编目（CIP）数据

巨匠诞生：茅盾／王学钧著.—修订本.—合肥：
安徽教育出版社，2022.4
（中国现代作家青春剪影丛书）
ISBN 978-7-5336-9620-7

Ⅰ.①巨… Ⅱ.①王… Ⅲ.①茅盾(1896-1982)—
生平事迹 Ⅳ.①K825.6

中国版本图书馆 CIP 数据核字(2022)第 001811 号

巨匠诞生　茅盾
JUJIANG DANSHENG　MAODUN

出 版 人：费世平
统筹编辑：周　佳
责任编辑：邰　旻
装帧设计：王莉娟
美术编辑：吴亢宗
责任印制：陈善军

出版发行：安徽教育出版社
地　　址：合肥市经开区繁华大道西路 398 号　邮编：230601
网　　址：http://www.ahep.com.cn
营销电话：(0551)63683012,63683013
排　　版：安徽时代华印出版服务有限责任公司
印　　刷：安徽联众印刷有限公司

开　　本：880 mm×1230 mm　1/32
印　　张：7
字　　数：123 千字
版　　次：2022 年 4 月第 1 版　2022 年 4 月第 1 次印刷
定　　价：28.00 元

（如发现印装质量问题，影响阅读，请与本社营销部联系调换）

青春剪影出一首首梦的歌（代序）

傅光明

鲁迅《呐喊·自序》的开篇第一段话是："我在年青时候也曾经做过许多梦，后来大半忘却了，但自己也并不以为可惜。……这不能全忘的一部分，到现在便成了《呐喊》的来由。"紧接着，他回忆起儿时家庭从小康坠入困顿，这样的苦涩经历使他从中得以看见世人的真面目，继而要"走异路，逃异地，去寻求别样的人们"。

从他睁开眼看世界，他便有了梦，很美满的一个梦——到日本，学医，救治像他父亲一样"被误的病人的疾苦，战争时候便去当军医，一面又促进了国人对于维新的信仰"。直到课堂上放映关于日俄战事的画片，"忽然会见我久违的许多中国人了，一个绑在中间，许多站在左右，一样是强壮的体格，而显出麻木的神情。据解说，则绑着的是替俄国做了军事上的侦探，正要被日军砍下头颅来示众，而围着的便是来赏鉴这示众的盛举的人们"。

这个故事本身已具有经典性，不仅如此，相信凡熟悉鲁迅的读者更喜欢咀嚼接下来的这一小段文字，因为它是鲁迅作家梦开始的地方:"医学并非一件紧要事,凡是愚弱的国民,即使体格如何健全,如何茁壮,也只能做毫无意义的示众的材料和看客,病死多少是不必以为不幸的。所以我们的第一要著,是在改变他们的精神,而善于改变精神的是,我那时以为当然要推文艺,于是想提倡文艺运动了。"

这时,他又开始做好梦了。从仙台辍学回到东京,他邀几位朋友一起办杂志,以期迈出文学的第一步。但这本取"新的生命"的意思而叫《新生》的杂志,在策划中便胎死腹中,梦也随之转瞬即逝了。

因梦无法实现而带来的寂寞,一天天地长大起来,"如大毒蛇,缠住了我的灵魂了"。然后是无端的悲哀和驱除不尽的痛苦,而麻醉的最好办法是"使我沉入于国民中,使我回到古代去",让生命黯然销魂,直销到"再没有青年时候的慷慨激昂的意思了"。

就这样,在蚊子多的一个夏夜,已蛰居北京,在绍兴会馆里百无聊赖抄古碑的鲁迅,迎来了一个老朋友。这位"偶或来谈"的老朋友金心异,便是正协助陈独秀编辑《新青年》杂志的钱玄同。聊天中,一段石破天惊的对话呱呱坠地,并成为中国现代文学史上经典的里程碑式的思想意象:

> 假如一间铁屋子,是绝无窗户而万难破毁的,里面有许多熟睡的人们,不久都要闷死了,然而是从昏

睡入死灭,并不感到就死的悲哀。现在你大嚷起来,惊起了较为清醒的几个人,使这不幸的少数者来受无可挽救的临终的苦楚,你倒以为对得起他们么?

然而几个人既然起来,你不能说决没有毁坏这铁屋的希望。

由此,鲁迅发出"狂人"的呐喊,《狂人日记》不仅成为小说家鲁迅的起点,更成为中国现代白话小说的源头和丰碑。

可以说,鲁迅是在生命日渐消沉的时候才做起小说来!显然,是五四精神孕育出了鲁迅的新生,而鲁迅又给五四精神注入了别样的新鲜活力和深邃的思想光芒。那本在东京未出世就夭折了的《新生》雪藏起鲁迅的摩罗诗力,而一本在北京崭新的《新青年》却真的赋予了鲁迅新的生命——文学的、艺术的、精神的、思想的不朽生命。

简言之,一篇短短的《呐喊·自序》,已大致可以为鲁迅,同时也可把这样的梦影当参照,为许多现代作家,甚至为读者自己画一幅青春剪影了。

像鲁迅一样,世上所有的人,年轻时候都会做许多梦。醒来一个梦,再做下一个梦,有梦便有希望在,人生的过程就是在不断做梦寻梦。当然,悲哀时,又会感觉一如鲁迅所说,"人生最苦痛的是梦醒了无路可以走"。如果真的无路可走了,还是要做梦,回忆青春的梦。没有了梦,便只剩下了绝望。

这套书里的作家们，年轻时几乎无不是有着一个又一个的梦。郭沫若和鲁迅一样，早年赴日本留学时，学的是医学，后因受到荷兰哲学家斯宾诺莎和美国诗人惠特曼思想的影响，决心弃医从文；与郭沫若等一同发起成立"创造社"的郁达夫，留日之初，考入的是东京第一高等学校医部预科，后又改学过政治学、经济学；冰心在写她的《繁星》《春水》以前，就读于协和女子大学理科，向往的也是日后成为一名医生。

然而，任何一个梦想的实现，都需要付出巨大的艰辛、努力。一个人的青春岁月，时常是苦恼与快乐相伴、信心与茫然相随。正是在这个时候，已经长大了的青少年，会突然惊奇地发现，原来世间的事情是如此的复杂，连黑与白的界线都有可能变得不明晰和不确定起来，无法一下子认定的事情越来越多。这些对于作家来说，却又是不可或缺的人生经历和体验。

无论他们在年轻时做过怎样的梦，有一点是共同的，即读书、求知。他们大都有过在海外或留学，或进修，甚或流亡的经历；他们中的许多人至少懂得一门外语，像巴金、郁达夫、钱锺书、杨绛等，通晓的外语都在两门或两门以上。茅盾是在大革命失败后，流亡日本时，出版和创作他的小说处女作《蚀》三部曲的。巴金的小说处女作《灭亡》写于巴黎，这之后，他的写作一发不可收。朱自清在出任清华大学中国文学系主任的前一年，曾在英国进修过语言学和英国文学，后漫游欧洲五国，才有后来写作的《欧游杂记》《伦敦杂记》。艾青最初读的是艺术学院绘画系，后在赴法国勤工俭学时，边学绘画，边接触欧洲现代派诗人，最终成为诗人，而不是画家。在南开中学就开始参与戏剧活动的曹禺，初入南开大学，读的是政治系，转至清华大学西洋文学系才真正开始钻研戏剧，从古希腊剧作家到莎士比亚、契诃夫、易卜生、奥尼尔，孕育出了他的《雷雨》《日出》。

每个作家都有藏在他的文学梦背后的故事，这些故事对于启迪我们的人生智慧和精神思想，都是难得的知识营养。通过这些故事，我们知道，徐志摩最早没想过要成为诗人，他留学美国时，学的是经济，转去英国，是为了追随罗素，搞政治。当丁玲陷在生活的困惑之中，她做过画家梦，更做过电影明星梦。各自已有深厚的人生体验的川籍作家艾芜、沙汀，是在他俩相遇后，才一起走上文学路的。从湘西走出来的"乡下人"沈从文，学历只到小学，经过人生的许多坎坷沧桑，矢志不渝，最终成就了自己的文学梦。

对于今天的读者，已经成为历史的他们，在这个"剪影"里构成了一组混着一个又一个青春生命泪与笑的梦的合唱。如果能够从他们一串串的梦里找到自己，相信你的未来不是梦！

茅 盾

(1896年7月4日—1981年3月27日)

目录

第一章　茅盾一名的来由/001

第二章　童年、家庭、时代风云/023

第三章　前途无量的小学生/068

第四章　文学才能的凸现/100

第五章　动荡的中学时代/149

第六章　北京大学预科生/187

第一章
茅盾一名的来由

一、沈德鸿和茅盾

在浙江桐乡的水乡泽国之中，有一座古老而繁华的市镇。市河缓缓地流过镇区，把它一分为二。按照清朝的行政区划，河西叫作乌镇，河东叫作青镇。但是当地的居民都统称它们为乌镇，居民不管住在乌镇还是住在青镇也都自称乌镇人。这还是清朝末年的情况。在遥远的古代，它们确实同属一镇，就叫乌镇。至于现在，则又早已统一为乌镇了。我们也就统称它们为乌镇。

市河两岸，青石铺路。大雨过后，路面油光水滑，纤尘不起。路边商店鳞次栉比，人熙人攘。这虽说是一个市镇，但人口密集，规模不下于县城。有谁如果读过茅盾所写的小说《林家铺子》，或者看过据它改编的同名电影，就不难想象这个乌镇是什么样子。虽说它与一般的江南水乡的市镇没有多大不同，但它的地理位置给它带来了得天独厚的优越性。按清朝的行政区划，它正处于江苏、浙江两省，湖州、嘉兴、苏州三府，乌程、归安、崇德、桐乡、秀水、吴江、震泽七县交界之处。这些地方都是当时中国较为富庶的地区,向来被称作鱼米之乡。而乌镇又属不可多得的水陆要冲,商贾往来,货物贸易,必经此处。这自然就带来了商业繁荣。商业繁荣意味着与外面的世界联系紧密,信息灵通,人就比较灵活,机遇也比较多,从而导致文化比较发达。

19世纪的五六十年代,中国曾发生一次席卷大半个国土的农民革命,这就是太平天国运动。当时,清朝政府与建都南京的太平天国势不两立,它们都竭力要消灭对方,从而进行了连续十几年的战争。这场长期的大规模战争的主要战场,就在当时中国最为富庶的江、浙两省。战争使原来肥沃的良田变为荒地,人口因流亡而大量减少,商业凋零,满目疮痍。乌镇也曾是清朝政府军队和太平天国军队争夺的地方,也就不能避免同样的遭遇。太平天国失败以后,因战争而流亡的乌镇人陆续回到故乡,在战争的废墟上重新建设家园,但原来的繁荣已难以恢复。相比较而言,青镇那一边要比乌镇这一边恢复得好些。

市河东边,当时是青镇。镇中心的繁华区域有一条观前街,临街有一户二进两层楼的宅院,当地人称这种宅院为骑马楼。这里住着四世同堂、亦官亦商的一户沈姓人家。我们故事的主人翁就诞生在这户人家。

1896年7月4日晚9点到11点钟光景,一声清脆的啼哭驱散了满屋人的焦虑和紧张。这户人家的长房长重孙呱呱坠地，宣告了自己的诞生。

长房长重孙出世，这在中国的老式家庭，实在是了不得的大喜事。喜报立刻穿越千山万水，被送到远在千里之外的广西梧州的曾祖父手里。曾祖父已外出多年，这时正做着梧州税关监督。这个职务相当于现在梧州市的税务局局长。曾祖父得到这个喜报，立刻回信，按照惯例，给这个刚出世不久的重孙取了一个谱名，叫作德鸿。

他们沈家取谱名很讲究。曾祖父沈焕的焕字含有火字。他有三个儿子，每个人的名字中都含有一个土字。他的长子，也就是小德鸿的祖父，谱名沈恩培。这培字中就含有土字。沈恩培又有四个儿子，长子谱名沈永锡，也就是小德鸿的父亲，这锡字中就含有金字。待到永锡的儿子取名，自然应当含有水字。这是按照我国传统文化中的所谓五行，即木、火、土、金、水的顺序来排的。这个顺序也就是木生火，火生土，土生金，金生水。恰巧那年飞到梧州税关来的燕子特别多，老人家认为这是个吉兆，就又给德鸿取了个小名，叫作燕昌。他走南闯北，孤身奋斗多年，不仅希望自己的家庭日益兴旺发达，也希望这个刚出世的重孙永远交好运。

但曾祖父未曾想过，他这个刚刚出生不久的重孙沈德鸿，会成为后来中国家喻户晓的茅盾。

今天的许多青少年学生，甚至成年人，都知道茅盾这个名字，因为他们读过一篇题目为《白杨礼赞》的课文，也许还读过《子夜》这部小说或者看过据它改编的电影、电视剧。至于沈德鸿这个名字，知道的人也许不会太多。

1981年茅盾逝世时，当年3月28日的《人民日报》在公开发表的讣告中这样写道：

> 中国人民政治协商会议第五届全国委员会副主席、中国文学艺术界联合会名誉主席、中国作家协会主席沈雁冰（茅盾）同志，因病医治无效，于1981年3月27日清晨5点55分在北京逝世，终年85岁。
>
> 沈雁冰同志是以鲁迅为代表的中国现代文学巨匠之一。他的大量作品已成为我国文学艺苑中的宝贵财富。

讣告里称"沈雁冰"，又在括号里写上"茅盾"，至于沈德鸿这个名字，却没有提到。这是怎么回事呢？其中有个原因。

茅盾谱名沈德鸿，字雁冰。谱名也就是本名，是正式的名字，就比如《三国演义》里的张飞本名飞，字翼德，刘备本名备，字玄德。在我国的文化传统里，一个男孩子出生以后，总要取一个谱名。它就相当于我们现在写入户口本、身份证的名字。在正常的情况下，人们都是用这个正式的名字报考学校、求职、做各种正式的登记，以及建立个人档案。在我国古代，一个男子二十岁时就会被认为已经成人,应当自立了。他既然有自己独立的社会交往,也就应当受到尊重。他的家族就会在这时为他举行一种成人礼,后人称这种礼为"弱冠礼"。谁如果有兴趣查一下《辞海》或《辞源》,就会了解,"弱冠"这个词在汉语语汇里就用以表征二十岁。在民间习俗中,作为弱冠礼的结果之一,就是这个男子除了谱名之外,还会取一个"字"。"字",又称作"表字"。在社会交往中,人们往往互称表字,而不是直呼谱名。因为直呼别人的谱名会被认为是对别人的不尊重,也是不合乎礼仪的。

弱冠礼在我国现在已基本消失了,但在民间习俗中,二十岁的生日仍然非常重要。父母和其他长辈,在这一天也往往会对他做一些郑重的嘱咐和美好的祝福。由于时代和习俗的变迁,现在没有什么人取"字"了,但在七八十年前,这种习俗尚存,更不用说在清朝末年了。不过,在茅盾所处的时代,取"字"已经不必待到二十岁。尽管如此,那一代人大体上还是以互称表字为尊重。例如,胡适,字适之,到了20世纪五六十年代,有人写文章时直称他胡适,而不是称他胡适之。他看了,就有些不大高兴,认为这些人已不大懂道理了。不过,这种道理跟习俗有直接的关系。现在青年人已不再取"字",因而也就以直呼其名为合乎情理了。

现在,知道"茅盾"的人比知道"沈德鸿""沈雁冰"的人多得多。甚至有些人知道"茅盾",而不知道"沈德鸿"。这种情形，就像许多人都知道中国有个伟大的现代作家"鲁迅"，而不知道"周豫才"一样。其实，"鲁迅"的本名叫周树人，"豫才"就是他的表字。"鲁迅""茅盾"是他们发表作品时用的名字，即笔名。他们的笔名随着他们的作品流传而广为人知，他们的本名和表字反而不怎么著名，甚至很少有人知道。他们的笔名成了他们在社会上通行的名字，这就叫作以笔名行世。类似的情况还可以举出许多例子。例如，以写《骆驼祥子》等著名的老舍，并不姓老，他的本名叫舒庆春。作家巴金因写作长篇小说《家》《春》《秋》而著名，但他也并不姓巴，他的本名叫李芾甘。

茅盾曾给自己取过几十个笔名，有时他也用"雁冰"这个名字发表文章，但所有这些名字，都远远不及"茅盾"这个笔名著名。讣告中不称"沈德鸿"而称"沈雁冰"，那是因为他字"雁冰"。括号里加上"茅盾"，便是因为他以笔名"茅盾"行世，知道的人更多。

可是，他其实并没有给自己取过"茅盾"这个笔名。说起来，这里面还有一段故事。讲到这里，我们不得不把那位刚刚出世的沈德鸿搁一搁，先来讲一下沈德鸿怎么成了茅盾的故事。待到我们了解了这个故事，再回过头去看沈德鸿青少年时代的故事，就比较容易了解这位中国文学巨匠的成长历程。

二、失学与谋生

1916年，沈雁冰从北京大学预科毕业了。那时，他整二十岁。在当时，学完三年大学预科，并且能够毕业，才可以升入大学本科继续读书。读完四年本科，毕业后才算大学毕业生。沈雁冰在北京大学预科学习成绩优良，只要他愿意，就可以直接升入本科。但他在九岁时父亲就病故了，这以后全靠母亲把他抚养成人。他预科毕业时，家里经济困难，已无力再供他继续读书。他不得不放弃了升入本科的机会。

在那个年代，一个男青年到了二十岁，他的家庭便认为他应该自立了，应当到社会上去寻找一份职业来谋生，也应负起对家庭的责任。因为得到亲戚的推荐，沈雁冰离开家乡，来到上海，进了商务印书馆工作。商务印书馆是我国一家历史悠久的出版社，现在还是叫这个名字。那时候，它是国内规模最大也是最成功的一家出版社。要进这家出版社工作，除了要有得力的人推荐以外，自己也要具备相应的学识与能力。沈雁冰勤奋好学，读过很多书，那时已具有相当深厚的中国文学修养，并熟练地掌握了英文。这两种语言知识的熟练运用不仅在当时，就是在现在，也能体现出一个人的文化修养和能力。

由于他懂英文,因此他一开始就在商务印书馆编译所的英文部工作。这个部里的工作人员平时说话都讲英语。他们附带办了一个英文函授学校,于是就分配刚来的沈雁冰给这个学校的学生批改作业。这是一份相对清闲的工作。沈雁冰就利用这里的条件,抓紧时间阅读中国的文史著作和商务印书馆收藏的外国图书,认真自学。他有一个习惯,在读书的过程中,只要有所收获,或者头脑里产生了什么想法,就立刻把它记录下来,既可以防止遗忘,又可以留作以后进一步研究。他把许多书籍整齐地堆放在床头,旁边还放置着纸和笔。有时他半夜醒来,忽然想起什么,需要读书或者记录,随手就可以取用。他不相信有什么天才,而是坚信只有依靠博览群书、勤奋和刻苦钻研,才能自学成才。

不久,他发现商务印书馆出版的《辞源》在编写内容上有些缺陷,于是就给当时的总经理张元济写了一封大约二百字的信。信中指出了《辞源》中存在的一些问题,并提出了一些修改建议。张元济是我国近代史上一位伟大的出版家,为我国出版事业的现代化做出过杰出的贡献。《辞源》是一部大型辞典,后来又经过多次修订,直到现在仍然是我们学习、研究中国古代文学最重要且必不可少的权威工具书。

沈雁冰刚出校门不久,却能提出对这部辞典的修改建议,这引起了张元济的重视。他觉得,沈雁冰虽是个小青年,但在中国文学研究方面是个难得的人才,就决定把沈雁冰调去与国文部的孙毓修一起翻译外文书。那时所说的国文,就是指中文。

现在的学生大约已很少有人知道孙毓修这个名字了。然而,当我们津津有味地阅读童话的时候,应当知道,这位孙毓修先生,被沈雁冰尊称为"中国童话的开山祖师"。他主编了用白话文撰写的"童话"丛书,以及一份《少年杂志》。这在中国文学史上是个创举。"童话"这个名称,就是孙毓修创造的。

沈雁冰跟孙毓修一起翻译出版了科普读物《衣》《食》《住》三书,孙毓修对他很满意。在工作中,孙毓修也发现他很有才能,又了解到他曾广泛地阅读过中国古籍,学习过西方文学,就给他出主意,让他编一部开风气的书。于是,沈雁冰从几十部中国古籍中挑选出很多寓言故事,编成了一部《中国寓言初编》。这些工作,对他的学识和能力的提升都是很好的锻炼。他在工作中显露出才华,受到同事们的重视。

他还参与编辑了一份面向中学生的期刊,叫作《学生杂志》。他为这份杂志翻译了一些西方的科学小说,想借小说的形式来传播科学思想。同时,他又从许多外文书籍中选择素材,编写成《履人传》和《缝工传》。《履人传》专写鞋匠出身而成名的人,《缝工传》专写裁缝出身而成名的人。他之所以这么做,是因为他想以此来体现无论什么人，什么出身，也无论处在什么境遇中，只要自立自强、刻苦钻研、奋斗不止，就能战胜困难，获得成功。他自己也是这么要求自己的。

他曾为1917年12月号的《学生杂志》写了一篇社论，题为《学生与社会》。这是他公开发表的第一篇论文，是用文言文写的。那时他才二十一岁。这篇论文，很能表现出青年沈雁冰对学生和社会之间的关系，以及对人生、社会的见解，即使对今天的学生来说，也仍然具有很强的启发性。其中有一段概括性的话，虽是用文言文写的，但凭今天学生的语文能力，还是能看得懂的，并且很容易记忆。不妨把原文录在下面。

> 学生时代，精神当活泼，而处事不可不慎。处世宜乐观，而于一己之品行学问，不可自满。有担当宇宙之志，而不可先事骄矜，蔑视他人。尤须有自主心，以造成高尚之人格，切用之学问。有奋斗力以战退恶运，以建设新业。呜呼！浩浩黄胄，其果有振兴之日耶，暗暗社会，其果有革新之望耶，会当于今日之学生觇之。

这是说：青年学生应当开朗活泼而又谨慎办事，乐观向上而又戒骄戒躁，胸怀大志而又谦逊平和，独立自主而又人格高尚，意志坚强而又知识丰富，这样就能藐视厄运逆境，战胜困难，奋发有为，为自己也为国家民族开辟新路，革新社会，振兴中华。学生们的身上寄托着祖国的希望、民族的前途。

那个时候，中国正处在北洋军阀统治的时期，是个半殖民地半封建国家。国弱民穷，社会黑暗到了极点。沈雁冰对青年学生的希望，实际也表达了他自己胸怀大志、自立自强的人生观。正因为这样，他失学以后，虽然感到遗憾，但不悲观沮丧，更没有被那个黑暗的社会所腐化、淹没，而是勇敢地面对现实，凭自己的知识和意志，应对生活和社会的挑战。参加工作后，他虽然不能再在学校读书，但是仍然刻苦自学，利用一切可以利用的时间和条件来充实和造就自己。

对没有航向的船来说，任何方向的风都是逆风。同样，对没有生活目标的人来说，任何处境都是逆境。沈雁冰胸怀大志，有自己的生活目标，立志寻求真理，改造社会，为国家、民族踏出一条新路来。

沈雁冰进入商务印书馆边工作边自学的时候，也是我国新文化运动逐渐兴起、发展的时候。

1915年，陈独秀在上海创办了一份《青年杂志》，次年改名为《新青年》。在这份杂志上，陈独秀针对中国当时黑暗腐败的现状，提出了一系列改造中国社会的主张。总体来说，这些主张就是反对专制主义的旧文化，提倡思想解放、独立自主，以及科学、民主的新文化。他号召青年们自立自强，不要被专制社会压倒，而要勇敢地担负起国家主人的职责，去寻求人生的真理，创造自身和民族的光明前途。后来陈独秀被聘为北京大学文科学长，这份杂志也被搬到北京去办了。1917年，他和胡适一起倡导文学革命，获得了鲁迅等许多有志于社会和文化改革的志士们的响应。于是，中国发生了一场影响深远的文学革命运动。这场文学革命是新文化运动最重要的组成部分。它的核心就是反对文言文，提倡白话文；反对旧道德，提倡新道德。

就在这期间，还发生了一件对中国历史和沈雁冰都具有深刻影响的大事。

1918年，持续了四年之久的第一次世界大战结束。当时的中国是战胜国之一。次年1月，英国、法国、美国、意大利、日本等27个属于战胜国阵营的国家，派代表在法国首都巴黎举行战后和平会议，简称巴黎和会。中国的北洋军阀政府也派了代表出席。在国内人民的强烈要求下，中国代表在会议上提出，要求帝国主义列强放弃在中国的特权，取消丧权辱国的"二十一条"这一不平等条约，中国收回对山东的主权。可是，这些正当要求却遭到以英国、法国和美国为首的帝国主义国家代表的拒绝。而北洋军阀政府的代表竟然准备在这个严重损害中国主权的和约上签字。对于任何国家来说，没有什么比主权更重要的了。这个恶劣的消息传到国内，首先激怒了爱国学生。

1919年5月4日这一天,北京三千多名学生在天安门广场集会,高呼"外争国权,内惩国贼"、"取消二十一条"、"拒绝和约签字"等口号。会后,学生们又举行示威游行,惩办了一些卖国贼,火烧了外交部部长的家。北洋军阀政府不但不理会学生们的爱国热情和正当要求,反而派军警加以镇压,并逮捕了三十多名爱国学生。

北京的大学生、中学生都被北洋军阀政府的这种无耻行为激怒了。全北京各个学校的学生成立了学生联合会,组织起来举行总罢课,并且通电全国表示抗议。全国各地的学生也纷纷举行示威游行,支持北京学生。6月3日至4日,北洋军阀政府又在北京大肆逮捕学生近千人,这更激起了全国人民的愤怒。各地的工人罢工、商人罢市,声援北京学生的爱国行为,抗议北洋军阀政府的倒行逆施,形成了声势浩大的全国性爱国运动。这样一来,北洋军阀政府才害怕了,不得不释放被捕学生,拒绝在"巴黎和会"的和约上签字。学生的爱国运动,由于有着坚定不移的决心和全国人民特别是工人阶级的支持,终于胜利了。

这次爱国学生运动,在历史上就称为五四运动。为了纪念这次伟大的爱国学生运动,我国后来就定5月4日为五四青年节。它在中国历史上具有划时代的意义。

新文化运动和五四运动都给了沈雁冰很大的启发,他也从中看到了新的希望和前途,便积极投身到这一时代洪流中去。这促使他开始系统地研究外国文学,并开始用白话文翻译外国小说,介绍评论外国文学。当时,新文学正处在提倡时期,而新文学又以学习外国文学为主。他的这些工作,及时地为中国的新文学建设提供了有益的知识,也使他成为当时知名的外国文学翻译家和评论家。

商务印书馆从1910年起就办有一份《小说月报》,到1920年时已出版了十年,是当时著名的文学杂志。由于沈雁冰已在外国文学的翻译和评论研究中崭露头角,商务印书馆也认为新文学是一股时代潮流,就让他参与这份杂志的编辑。他先是主持杂志的"小说新潮栏",并以此为阵地,发表自己对新文学的见解,大力提倡新文学应当表现真实的人生,对改良人生发挥指导的作用。不久,商务印书馆又让他做《小说月报》的主编。他一面联络郑振铎、叶圣陶、冰心等有志于新文学的青年,成立了一个新文学团体——文学研究会,这是我国现代文学史上的第一个新文学团体;一面革新《小说月报》,使这份杂志成为新文学创作的主要阵地。他的这些工作都为我国新文学的兴起和发展做出了重要贡献。他自己也勤奋写作,发表了大量的文章,仅1921年一年,他所发表的翻译作品和文学理论文章就达到一百三十多篇。他的博学和勤奋,也使他成为新文学阵营最重要的理论家和批评家之一。那时候,他才二十几岁。

从 1916 年因家庭经济困难而放弃继续深造，到 1921 年这短短的五年间，他凭着自立自强的精神，不但没被社会所淹没，反而为我国的新文学事业做出了重要的贡献。但在 1927 年之前，他在文学上的工作，主要集中在翻译、文学理论与文学批评方面，还没有从事文学创作，因此"茅盾"还没有出现。

三、矛盾与茅盾

1919 年夏季的一天，陈独秀因为在北京散发传单，反对北洋军阀政府的统治，被北洋军阀政府警察厅的暗探逮捕，关押了三个月。释放以后，他仍然受到暗探的盯梢、监视，活动范围只能局限在家里，没有自由，很是焦急。李大钊就把他化装成商人，躲开暗探的眼线，护送到天津去活动。陈独秀与李大钊是中国最早的马克思主义者。他们认为中国应当走俄国十月革命的道路，成立共产党，推翻北洋军阀政府的统治，建立新中国。大约在 1920 年初，陈独秀悄悄到了上海。为了筹备出版《新青年》杂志，他约了沈雁冰和其他几个人来商量这件事。陈独秀是新文化运动的领袖，既勇敢、直爽，又没有名人架子。沈雁冰早就知道他，也读过他的许多文章，只是直到这时候才同他第一次见面。这次见面既给他留下了很深的印象，也使他受到很大的影响。

也就在这年5月，陈独秀在上海发起成立了马克思主义研究会。8月，共产党早期组织在上海成立。这时候，沈雁冰在商务印书馆的工作较为顺利，工资也从每月24元增加到了100元。但为了寻求救国的真理，改造旧中国，他也参加了这个进步组织。1921年7月，中国共产党成立。因为陈独秀是中国共产党的主要创始人之一，大家就选举他担任党中央总书记。沈雁冰也自然转为最早的一批正式党员。他一边在商务印书馆工作，一边以此为掩护，担任党中央联络员的工作。

不久，共产党与国民党实行国共合作，举行北伐战争，许多共产党员也以个人身份参加国民党，共同推翻北洋军阀政府的统治。1925年，沈雁冰被推选为上海的代表之一，到广州出席国民党第二次全国代表大会。大会闭幕后，他留在广州，被任命为国民党中央宣传部秘书。1926年，北伐军占领武汉，成立国民政府。1927年，沈雁冰又到武汉担任中央军事政治学校教官，并任汉口《民国日报》主编，投身到轰轰烈烈的大革命中。

这次大革命，在中国近代史上叫作第一次国内革命战争。它曾经激励了许许多多的热血青年，使他们兴奋，也给他们带来了希望。沈雁冰也是这样。有一部叫《大浪淘沙》的电影，所演的就是那个时代的情况。

1927年,轰轰烈烈的大革命失败后,中国共产党决定在江西南昌举行武装起义,这就是八一南昌起义,也是建军节的由来。沈雁冰从武汉出发,准备到南昌去。可是走到九江时,铁路中断,火车不通。他又打算改道庐山,越过牯岭,径奔南昌。待他上了庐山,谁知路又中断了。恰在这时,他突然患了腹泻,病体虚弱,不能行走,只好在牯岭的旅店里养病。这时南昌起义失败的消息也已传来。8月中旬,他稍能行走时,便在一个朋友的帮助下,悄悄地下山,回到上海家中。这一年,沈雁冰已三十一岁了。

到家以后,他的夫人告诉他,南京政府的通缉名单上有他的名字。那时,他的家住在上海东横滨路景云里,周围住着许多商务印书馆的职工,都是熟人。为了不被人发现,他只好隐藏在家里,足不出户。

那时,叶圣陶就住在他家隔壁。叶圣陶家的隔壁住着周建人,他是鲁迅的弟弟。鲁迅是10月份从广州经香港来到上海的,也住在景云里。沈雁冰虽然隐居在家,但是没有向这些朋友隐瞒。

沈雁冰和叶圣陶原是文学研究会的老朋友。在沈雁冰之后,商务印书馆《小说月报》的主编由郑振铎接任。后来,郑振铎到英国去了,就由叶圣陶代替他的职务。沈雁冰回到家中后,与叶圣陶经常来往谈心。叶圣陶劝他,不如写点小说吧。叶圣陶很了解他,也很佩服他的学问。沈雁冰从来没有写过小说，但心里早就打算写小说了，就答应说，试试看吧。

沈雁冰隐居在家，不能出去工作，也就没有收入，便再一次面临如何维持生活的问题。同时，在怀着热切的理想经历了轰轰烈烈的大革命，又突然经历了它的失败之后，他感到意外，感到迷惘和痛苦。他深深地觉察出社会、人生的复杂，也深深地意识到自己思想上的重重矛盾。我们知道，像这种迷惘和痛苦，只有那些怀着超越一己私利的生活目标，寻求人生真理的人，才可能产生。在这样的现实处境和矛盾的心境之中，他决定写小说，用小说的形式写出他所经历的生活。他相信，只要写出生活的真实，就能打动读者的心，使人分清真与伪、善与恶、美与丑。

于是，他就在家中一面照料他生病的夫人，一面抓紧创作他的第一部中篇小说。他给这部小说取了个相当沉重的题目，叫作《幻灭》，以此来表现在他所经历的大革命中，知识青年的梦想与追求，及其幻灭的悲哀。同时，他也给自己取了一个笔名，叫作"矛盾"。这个笔名正体现了他自己的矛盾心境。他把这种心境和自己的苦苦思索以及所见所闻组织融汇起来，塑造为《幻灭》里的几个女青年。其中有个叫静女士的女青年，是这部小说的主角。她也是在希望和幻灭所交织的痛苦之中苦苦地思索："矛盾哪，普遍的矛盾。在这样的矛盾中革命就前进了吗？"总之，小说所写的矛盾，也就作者自己所面临的矛盾。

沈雁冰用了两个星期的时间，把《幻灭》写成了一半，就拿给叶圣陶看。这部小说场面宏大，描写了从未有人写过的新鲜而现实的题材，写出了新的时代和新的人物，刻画了细腻生动而真实的人物心理，很能体现大革命失败后许多热血青年内心的矛盾和苦闷。叶圣陶自己就是一个著名的作家和编辑。他看了后，赞不绝口，觉得《小说月报》正缺这样的稿件，于是就拿去在《小说月报》上先行连载了。

可是这部小说的作者署名叫"矛盾"，叶圣陶觉得不妥。因为百家姓中没有姓矛的，只有姓茅的，"矛盾"不像人名。他就在矛字上加了个草字头，成了"茅盾"。结果待到《幻灭》在《小说月报》上登载出来的时候，作者的署名也就是这个有草字头的"茅盾"。

这部《幻灭》发表以后，立刻引起了许多读者的关注。大家纷纷打听这个茅盾是谁。当时，著名诗人徐志摩也来向叶圣陶打听。叶圣陶晓得这事关系到沈雁冰的安全，便没有向他透露。徐志摩心里还有些不高兴。

从此以后，在中国的文坛上，一颗以茅盾为名的新星从此升起，且熠熠生辉。

继《幻灭》之后，沈雁冰隐居在家里，又接连写了中篇小说《动摇》和《追求》。这两部小说和《幻灭》一起，构成了内容相联系的三部曲，总名叫作《蚀》。这个三部曲取得了巨大成功。之后他就以创作中长篇小说为主,成了职业作家。待到1933年,他又出版了长篇小说《子夜》。这部《子夜》,不仅是他本人的代表性作品,也是中国现代长篇小说的一部杰作,至今读起,仍然叫人觉得意味深长。除小说之外,他还发表了许多散文、剧本、评论、研究著作和翻译作品。他的大量作品,经过许多学者的努力,已整理汇集为多卷本的《茅盾全集》。

由于他在新文学中的杰出成就,当他在1945年虚龄五十岁的时候,社会各界曾为他举行了一次盛大的祝寿活动。1945年6月24日《新华日报》的一篇文章称他是"中国文化界的一位巨人,中国民族与中国人民中最优秀的知识分子,在中国文坛上努力了将近二十五年的开拓者和领导者"。

他之所以受到人们如此崇高的评价,有许多原因。不过其中有个基本的原因,那就是他的作品有一种非常鲜明的特色,他总是关注和描写现实的人生,而且擅长对它加以深刻的分析和揭示。这些分析和揭示含有很多人生的真谛。关注和描写现实的人生并不难,然而这些分析和揭示却需要知识、智慧的修养。文学作品和人类的任何创造物一样,是由现实的人来创作的。这些作品就像浮出水面的冰山,之所以能够浮出,是因为在水面之下有着更大的部分。这就是作者本人的成长过程和文化素养。这正如沈雁冰自己所说,他是经验了人生以后才来写小说的。他也总是"摸索而碰壁，跌倒了又爬起，迂回而前进"。这是很诚实又富于真理性的话。我们看幼儿学步，也是如此，摸索碰壁，跌倒爬起，然而终于能够挺立，阔步前行。

其实我们每个人都是如此，从童年到老年，从脱离母亲的怀抱到走至人生的终点，中间都有一条漫长而尘土飞扬的人生之路。其间，希望与困扰并生，压力与机遇俱存，且鲜花与荆棘缠绕，快乐与忧愁同在。这一切又与每个人的具体境遇、认识、选择、努力息息相关。人的一生中，总有几次关键性的人生选择。我们常说，人生的道路无限宽广，条条大路通罗马。这句话的意思是说人生的选择可以无限多，此路不通可以走另一条路。这是不错的。但这主要是就整个人类生活的无限多样性而言的，至于具体的每个人，理想和现实之间往往有一条需要跨越的鸿沟。

当我们渴不可耐的时候，自以为能够喝干大海，可是实际上，充其量只能喝几小杯。每个人虽然蕴藏着无可限量的创造力，但也每时每刻受着各种各样的限制和束缚。这种限制和束缚有来自外部的，例如家庭、社会；也有来自自身内部的，如个人的知识、能力、性格，等等。因而认识自己和社会便成了人生选择的前提，也使人生选择成了一个永恒而又现实的课题。特别是对于处在人生岔路口的青少年来说，这个课题尤有关键意义。

人们常说，青年是早晨八九点钟的太阳。又有人说，托起明天的太阳。这是不错的，每个人都可能是明天的太

阳。但太阳要靠自己升起,就像别人不可能代我们吃饱肚子一样。对于没有航向的船来说,所有方向的风都是逆风。对于没有生活目标的人来说,所有的境遇都是逆境。每一种人生的选择和实现都需要具体的知识、智慧。这些都不会是天上掉下来的馅饼,正如世间本没有天才一样。它们只有经由人自己自立自强,经由学习来获取,而且也没有什么固定的程式和秘诀能让我们获取之后一劳永逸,终身受用。学习对于头脑的滋养,就像饮食对于身体的滋养,只有自己吃下去才能受益。

但有一个非常重要的方法,能使我们受益无穷——这就如伟大的科学家牛顿所说,他之所以能在科学上取得那么大的成就,并不是因为他有什么天才,而是因为他能站在巨人的肩膀上——也就是从一切有成就的人的成长过程中,学习他们的活的经验和思想方法,并转化为自己的智慧和创造力的资源。譬如说,阅读那些伟大的科学家、文学家、艺术家成长的故事,就会使我们仿佛经历了他们曾经历的生活,获取了他们心灵的力量,从而使我们日渐富于洞察力和创造性,观察、思考我们所处的世界和我们自己,分析、解决我们自己的问题。

茅盾也预备了一个"文学巨匠"的肩膀,可供后人站立。下面,我们就不妨回到乌镇,看一看那个刚刚出生的沈德鸿如何度过了他的青少年时代,并如何为未来的成长积累了基础。

第二章
童年、家庭、时代风云

一、创业有成与继业乏人

沈德鸿出世的时候,正是沈家最兴旺的时候,但也是开始走下坡路的时候。

沈家祖上原是乌镇近乡的农民,后来迁到了镇上做小买卖。到了沈德鸿的曾祖父的祖父那一辈,他们才在镇上开了一爿旱烟店,成了加工和销售烟丝的小商人。他的曾祖父名叫沈焕,字芸卿,是家中的长子。沈焕还有七个弟弟。太平天国时期,浙江曾是太平天国军队和清朝政府军队争夺的一个重要地区。战争打得很激烈,反反复复多次,持续时间也很长。乌镇便因战争而受到很大破坏,商业也因此萧条了。沈焕兄弟八人经营着一爿旱烟店,自然难以维持家人的生活。1865年,沈焕已经三十岁,早已结婚生子,有了自己的小家庭,负担不轻。他是长兄,就把旱烟店交给弟弟们去经营,自己单身去闯上海。

那时候,上海已经成了一个大都市,外乡人闯上海与

20世纪80年代的人们闯深圳差不多。沈焕到了上海,先是在一家山货行当伙计,就像现在人们常说的"打工仔"一样。山货行就是山货店,而山货就是指土特产。因为山货行经营土特产,土特产又来自内地各省,为做买卖,沈焕也就经常跑码头,看行情,谈生意。他在这个行当里干了十年后,不但熟悉了其中行情,而且开了眼界,长了见识,结识了许多生意场中的朋友。

到了他四十一岁那年,他所在的山货行的大股东们决定拆股,也就是散伙。其中有一个小股东安老板和沈焕是好朋友,他掌握着山货行经营上的实权。沈焕做土特产生意有经验,为人也精明敢闯。他知道汉口是土特产的大集散地,在那里做这种生意最为有利,就劝安老板带上资本,到汉口去另开山货行。他表示,自己愿意和安老板同去汉口,帮安老板开办新的山货行。安老板觉得有理,就采纳了他的建议,并且和他约定,允许他在新的山货行中占有一千两银子的干股。什么叫作干股呢?干股就是实际上不出钱而占有的股份。这就等于安老板送给他一千两银子的股份。这样一来,沈焕的积极性自然也就被调动起来了。

他们在汉口开办了一家"安记山货行",由沈焕当副经理,实际上是由他全权经营。安老板年纪老了,经常回上海,逢身体不适或是生病,就会长期不在汉口。沈焕经营得法,不但在汉口商界立住了脚,而且也和汉口各衙门的师爷有了交情。

沈焕在汉口立住了脚后,就把家眷迁来,打算在这里安家。五年后,安老板决定回宁波老家养老,便拆出自己的股份。从此以后,沈焕便独自经营这家山货行,家道也就兴旺起来。生意场上风云变幻,总是免不了风险的。沈焕也给自己准备了退路。他派自己的长子和次子回故乡乌镇,购置了房产,作为将来的退守之地。这就是乌镇观前街的沈家宅院。果然,有一次沈焕看错了行情,所进的货一再跌价,致使他惨遭亏损。迫不得已,他只好把山货行出售,把家眷送回乌镇。自己则听从一个当师爷的朋友的建议,捐了一个分发广东的候补道,到广东去了。

在清朝末年,"捐官"盛行。所谓捐官,就是出钱买官。清朝政府按官阶高低,明码标价,公开卖官鬻爵。不过它又规定,可以出卖的最高官阶是道员。清朝的道员一般要管几个县那么大的地盘,近似于现在的地区专员。由此可知,道员的权力不小。然而,清朝只有那么些"道",清朝政府能安置的道员的数量是一定的。由于买了道员官衔的人数远远超过清朝政府能够实际安置的道员的人数,而且当时的有钱人买官,都想捐个道员,结果自然是许多有道员官衔的人并无实际的官位,也就是有名无实。对这种情况,清朝政府采取了一个办法,就是把捐了官的人分配到各个省去,排队等待官位。假如某个道的道员死了或者撤职、退休了,总之道员的位置出现了空缺,清朝政府就在这些捐了官的人中间选拔一个补上去。像这样的道员，在当时就叫作候补道员，简称候补道。当时有一句民间顺口溜："候补道台满街走。"道台是对道员的尊称，意思是说候补道多得已经挤满了街。可见清朝政府腐败到了什么程度。

沈焕在广州候补了三年，担任过几次临时差事，后来得到代理梧州税关监督的职务，一年后转为正式的税关监督。梧州在当时是一座较大的城市，也是商业繁荣的贸易集散地。而沈焕只候补了三年就谋到这样的差事，可见他很精明也很有手腕，或者说很幸运。因为那时的候补道，不要说三年，就是五六年谋不到差事的也是常事，甚至有些人终身只是候补道。

沈焕在梧州税关监督这个位置上干了三年，按清朝的制度，就该任满转任了。这时候，他也老了，精力不济。他想，不如趁手中有钱，告老还乡。1897年，也就是沈德鸿出生的第二年，沈焕就回到了故乡乌镇。

回来后，沈焕扩建了房屋。他在外经商、做官时，就曾寄钱回家，在乌镇开办了纸店和京广货店，让他的儿子经营。他在外闯荡了三十多年，从一个小伙计变成大老板，既做了商人又做了官，对于他来说，真是创业有成，发了家也致了富。不但如此，他还有长远的打算。他自己没多少文化，虽说做过官，却是花钱买来的，不是凭自己考试获得的"正途"出身，不光彩。那时候，商人没有什么社会地位，无论发了多大的财，仍被很多人瞧不起。因为人们认为，商人只是为了赚钱发财，所以"无商不奸"。一般自命清高的人，宁愿受穷，也不愿去经商。同时，社会上也流行另一种看法，认为"万般皆下品，唯有读书高"。读书人，也就是今天所谓知识分子，哪怕穷些，在别人眼里的社会地位却很高。沈焕就怀有这个心病。他觉得自己哪怕再富，也还是个商人之家，因而要改变身份和门庭。要改变门庭，有一个现成的办法，就是叫自己的儿子走科举道路。这条道路就是当时的"正途"，也就是受人尊敬的正当的人生道路。

清朝规定科举必读的书是"四书五经"，"四书"指《论语》《大学》《中庸》《孟子》，"五经"指《诗》《书》《礼》《易》《春秋》。清朝政府定期举行考试。考试规定要写八股文，题目就是从"四书五经"里挑出来的词句。所以，想走科举这条道路的人，就得一心攻读"四书五经"，钻研八股文。

在清朝，如果能顺利通过县学初试、府学复试和省学政的院试这三级童生考试，就能获得秀才的资格。有了这个资格，就算是在科举的道路上迈出了第一步。这在当时已算是很有脸面的了，至少可以在家乡做个教书先生。沈德鸿的中小学老师，大多数就是这些秀才。成为秀才后，才有资格参加省里举行的乡试。乡试每三年举行一次，目标是考举人。考试通过后，即可获得举人资格。举人是有名额限制的，所以考试竞争激烈。举人逢上好机会，就可以当官了。即使不做官，举人在地方上也属于有身份的绅士，要被人称为"举人老爷"的了。

我们的中学课本里选有一篇《范进中举》，写的就是范进中举后大喜过望，以至于高兴得痰迷心窍。一向瞧不起他的岳父胡屠户，一听说女婿中了举，也就立刻改变态度，对他一味低声下气，肉麻地恭维了。由此我们就可以知道，那时候的读书人对中举是多么渴望，以及一般人对举人的态度。我们在上文提到的陈独秀，就是一个秀才。他也参加过举人考试，可是没考中，也就放弃了这条道路，干革命去了。

中了举人以后，才有资格参加进士考试。进士考试是由朝廷举行的统一考试，每三年举行一次，录取的名额更少，一般在三百来人，因而竞争更加激烈。进士是科举考试的最高功名。考中前三名的，依次称为状元、榜眼、探花。中了状元，他就披红挂彩，骑着高头大马，游街炫耀。

从秀才到进士，这一条道路就是所谓科举道路。其间，每升一级，都得经过考试。在那时候，这条道路就被人们认为是可以光宗耀祖的人生"正途"。

那时候的中国，是一个非常讲究等级身份的国家，所以像胡屠户那样的势利眼也就特别多。其中的精神，有一点儿像现在人所说的"面子"。"这人有面子"，"那人没面子"，这样的话在全国各地都很流行。所谓面子，就与等级身份有直接关系。沈焕就觉得自己没什么面子，所以一心要自己的儿子走科举"正途"，来改变自己家族的门庭，光宗耀祖。当他在上海做伙计的时候，就寄钱回家，督促儿子用功读书，参加考试。他有三个儿子和一个女儿。他的大儿子本名恩培，字砚耕，也就是沈德鸿的祖父。沈恩培和他的大弟弟在母亲的严厉管教下，都考中了秀才，可是后来参加举人考试，都接连失败。沈焕创下了偌大一份家业回乡后，见自己的儿子不争气，读书既不用功，以致举人考不取，令他的希望破灭；经商也没能耐，把店里的营业搞得一塌糊涂，让他见了生气。除了训斥之外，他也无法可想。渐渐地，他也就心灰意冷，回乡三年后，于1900年在郁郁不乐之中去世了。

前人栽树，后人纳凉。可是后人如果只知一味纳凉，而不去再栽树，那就不妙了。鲁迅先生研究中国的历史，有一条发现，他说，在我们中国，开国的雄主总胜过末代的帝王。那些开国的皇帝是自己打天下，需要一点真本事，也知道成功来之不易。可是他的子孙后代享的是现成福，结果也就只会享福，甚至腐败堕落了。家庭也往往如此。沈焕凭着自己的奋斗，挣下了偌大一个家业，他的儿孙也就过惯了饭来张口、衣来伸手的生活。当沈德鸿出生时，沈家四世同堂，全家二三十口人，是最兴旺的时候。可是沈焕一死，他的儿子们各有自己的小家庭，也就各有私心,彼此之间往往为用钱多少难得平均而产生矛盾,难以再聚在一起生活了。在这种情况下,曾祖母也就不得不请了亲戚来,把房产、店铺等家中资产,一一估价。在她的主持下,一个四世同堂的大家庭,从此分了家。

沈恩培是长子,分得了那一爿名叫"泰兴昌"的纸店,仍然住在观前街的老屋里,领着自己的儿孙单独过日子。那一年,沈德鸿四岁。

二、家庭衰落和沈德鸿订婚

沈恩培分得的"泰兴昌"纸店的资产,值一千五百两银子,开在市河东边的闹市区,离他在观前街的住宅不远。店里经营纸张、簿本,还兼营锡箔之类,又设了一个印字柜,印刷描红纸,都是用手工操作。在乌镇,这是一家颇为有名的纸店。沈恩培有六个子女,长子本名叫沈永锡,字伯藩。他就是沈德鸿的父亲。在沈恩培的子女中,除了沈永锡已结婚成家外,其余都还没有结婚。因为沈恩培和沈永锡分别是沈焕的长子和长孙,分家时,曾祖母遵照曾祖父的遗言,按我们中国的老规矩,另外分了一千两银子给长孙。但这笔给沈永锡的遗产,沈恩培收下后,不得已用于纸店进货了。沈恩培是一家之主,得负起全家之责。凭着他父亲传给他的这个店铺,要维持这么一大家人的生活，负担挺重。如果他像他的父亲一样，敢闯又善于经营的话，情况也许会不一样。

沈恩培本是个秀才，虽然考过几次举人，但是由于读书不太用功，都失败了。他倒也无所谓。他的夫人姓高，原是乡下地主的女儿。高氏赞成自己的丈夫过安分守己的日子，对他中不中举人，也无所谓。分得纸店以后，沈恩培自己不善经营，只好请了伙计来做经理，照料生意。

沈恩培过惯了无忧无虑的日子，又是个乐天派，凡事任其自然，常说"儿孙自有儿孙福，不替儿孙作马牛"。虽然这时他还有三个儿子和两个女儿尚未婚嫁，但他也不大管教儿女。他以为，只要能守住父亲留给他的遗产，待到他的儿女都成婚之后，他再把这份遗产分给他们，他也就问心无愧了。可是，这笔遗产如果分给他的儿子们，每个儿子所得的能有多少，这种账他也无心去算。他已完全没有他父亲的那种开创新业的意识和奋斗精神了。其实，沈永锡对他父亲的这种人生态度很不赞成。但作为长子，他也只能委婉进劝，结果并不起作用。

这时候，沈永锡虽然已娶妻生子，有了自己的小家庭，但在经济上，仍靠父亲扶持。看着这种现状，他也只好暗自忧虑。

沈恩培写得一笔好字，喜欢给人写写对联、匾额、招牌之类。逢到镇上有红白喜事，总有人请他写些大字或礼单之类。他也借此自娱，不为谋利。每天上午，他不是到当地的访卢阁茶馆饮茶,就是到西园去听曲;午饭后,他睡个午觉,然后就去朋友家中打麻将,或是去听说书,过着既规律也优哉游哉的日子。他很喜欢自己的长孙小德鸿,经常抱着长孙在镇上玩。也就在优哉游哉之时,这位祖父却决定了他的长孙的终身大事。

沈恩培有个知己,叫孔繁麟。他们两家原是世交,有好几代人的交情。孔繁麟有个长孙女,名叫孔德沚,比德鸿小一岁。这两个老朋友,一个带着长孙,一个带着长孙女,经常一起在茶馆饮茶聊天,或是一道去西园听曲。聊着聊着,他们就谈起这两个孩子的婚姻来了。

其实,这孔、沈两家在上一辈时就有缔结姻缘的想法。沈家有个儿子,孔家有个女儿,双方父母说定了,要把他们结成一对夫妻,从而两家也就成了姻亲。在那个时代,儿女的婚姻全由家长做主。家长根本不问儿女本人同不同意,往往在儿女岁数很小还不懂事的时候就给订了婚。不过在订婚之前,双方家长却有一件事是很重视的,那就是先得互相交换儿女的"八字",看"命"合不合,"命"不合就不能订婚。"八字"又叫作"生辰八字",也就是一个人的出生年、月、日、时,共有八个字,所以叫作"生辰八字",简称"八字"。在中国,有一种算命术,相信人的"八字"决定了一个人的"命"。这虽然是一种迷信,但沈家对此坚信不疑。除此之外,双方家长还要请人打卦占卜,不但要看"命"合不合,还要看"运"宜不宜订婚。即使"命"能合，但打卦占卜的结果不吉利，也还是不能订婚。

孔家把孔小姐的生辰八字送到沈家以后，沈家请来算命先生据此一算，认为这一男一女的"命"相"克"，千万不能订婚。这桩婚事也就告吹了。这件事传到孔小姐的耳朵里，她因身体一向不好，承受不了这一刺激，竟至一病不起，郁郁而死。沈家得到这一消息，非常内疚，觉得对不起孔家，从此就好像欠了孔家一笔债似的。

现在，沈家的长孙与孔家的长孙女，在沈恩培看来，正是现成的一对，既可以实现两家联姻的愿望，也可以补偿他们沈家多年的歉疚。他就对孔繁麟提出想为这两个孩子订婚的要求。孔繁麟见他既已提出，也就同意了。这一次，沈家不再搞算命占卜就给他们订了婚。那时候，沈德鸿才五岁，孔德沚才四岁。待到沈德鸿在北京大学预科毕业后，进商务印书馆工作的第三年，即1918年，在母亲的主持下，按这桩婚约，他和孔德沚结了婚。

沈恩培那一套乐天派的人生态度和优哉游哉的生活，需要比较富裕的经济条件和安定的环境，可惜，这些他都并不拥有。虽然他是一个秀才，但他实际上是靠泰兴昌纸店来维持一大家十来口人的生活的。纸店的营业状况，直接决定了这一家人的生活水平和生活方式。在上文，我们曾经讲到，乌镇一向属于鱼米之乡，并且因为处于中国最富裕地区的水陆要冲而商业繁荣。现在，就在他优哉游哉时，周围的经济状况发生变化了。

像沈恩培那样的人生态度，如果在二百年前，人们会说他清雅潇洒。可是他所处的时代，正是发生了巨大变化的清朝末年。当时，上海到杭州的铁路已经建成。铁路带来的交通便利，使铁路沿线的城镇贸易迅速发展起来。乌镇水陆要冲的商业价值也就下降了。其实，不仅是乌镇，就连处于长江要道的江苏扬州那样的繁华都市，也因为没有铁路，而在清朝末年萧条下去了。机械化的造纸业和印刷业，已经在乌镇周围的几座城市初具规模，并且形成了市场，这使得乌镇的手工业失去了往日的气象。乌镇已落后于周围的城镇，并迅速地萧条下去。

整个乌镇商业萧条，泰兴昌纸店的生意也因此日益清淡。单靠这爿纸店的营业收入，已经难以维持沈恩培一家人的生活，再加上沈永锡不幸得了不治之症，益发使经济拮据。这个家庭逐渐衰落了。就在沈德鸿十岁那年，沈恩培为了维持一家人的生活，也不得不到附近的崇德县石湾镇给人家的当铺去当伙计谋生了。

一个秀才，一个乐天派的老板，给别人当伙计，这种变化一定会引发许多感慨。他这一去就是二十来年，直到他去世。祖父处境的变化，给青少年时代的沈德鸿留下了较深的印象。假如我们细细读一下后来茅盾所写的《林家铺子》，那市镇由繁荣到萧条，林家铺子由兴盛到败落，以及世态的炎凉和商业经营的微笑所蕴含的冷酷的生存竞争等,就不难感到,这部小说含有作者往日的生活经历。

三、父亲的选择和抱负

沈永锡不赞成他父亲的人生态度是有原因的,因为在他们沈家,是他最初意识到时代已经发生了很大的变化,应当考虑新的人生选择了。

他出生于1872年。这一年,有一件值得纪念的事,就是清朝政府第一次派遣詹天佑等三十名幼童到美国留学。十年前,也就是1862年,清朝政府就在京城北京开办了培养翻译人才和外交人才的学校京师同文馆。这之后,上海、广州也纷纷成立了类似的学校。社会上开始出现了反对科举制度的呼声。特别是在上海,关于西方科学、政治、历史、地理的译著开始出现,并销往全国各地。教育和文化上的这些新事物,与学习西方先进科技,开矿山、筑铁路、办工厂、训练用西方的枪炮军舰武装的新式军队等一起,构成了当时洋务运动的新气象。"求富""求强"的观念开始流行起来了。也就是从这时起,中国拉开了艰难的现代化历程的序幕。相比较之下,虽然乌镇已明显地落后于它周围的城市,但是沈家的家长们都没有意识到这一点。他们还是用老一套来要求子孙。

沈永锡十六岁时考中了秀才。这使他的祖父沈焕非常高兴。那时候,老人家在外经商顺利,又从自己的长孙身上看到了改变门庭的希望,益发严厉督促长孙钻研八股文,期待长孙考中举人。就在沈永锡十九岁订婚的那一年,他去杭州参加过一场乡试,可是没有考中。乡试也就是考举人。上文说过,考举人是由省一级组织的考试,所以在省府城市设考场。乌镇离杭州并不远,沈永锡却是第一次去,因为家中督促得严厉,要他在家里攻读,不许出远门。只有参加乡试,他才有机会到省府杭州去。虽然沈焕自己走南闯北,开辟新路,但他教育孙子是另一种要求。

沈永锡这次考试虽然名落孙山,但是开了眼界,领略了乌镇外面的世界的风采,开始有了新的想法。他还买了一部《瀛环志略》带回家来细读,更获得了"四书五经"中根本没有的知识。这部《瀛环志略》是徐继畲编写的,出版于1848年。书中比较详细地介绍了世界各国,特别是东南亚各国的历史、地理和风土人情,并且绘有很详细的世界地图。这些知识都是中国人过去所不知道的。由于这个原因,这部书出版后,很受人们的重视,被不断地翻印,风行一时,而且还传到日本。那时候,有很多中国人就是通过这部书,才知道中国只是世界上许多国家中的一个,在中国之外还有更大更丰富更复杂且中国人并不了解的世界。

沈永锡也是这样。他虽然从小就读"四书五经",学写八股文，并且考中了秀才，但是心里其实讨厌这些。只是由于祖父督促得紧，他才不得不按长辈的意志办而已。这一点也不奇怪，中国自从明朝开始用八股文作为考试的文章以来，至今还没有发现什么人真心喜欢它，因为它太枯燥无味了。《红楼梦》里写到的贾宝玉，一读八股文就头痛，要害病，就是这个缘故。从这里我们也可以想到，沈恩培读书不用功，很有可能是他觉得八股文实在无味。而那时人们之所以拼命地练习八股文，原因只在于它是通过科举考试的敲门砖。用不好这块敲门砖，科举正途的大门就对你紧闭着。

沈永锡讨厌八股文还有另外的原因——他爱好数学。可是数学与科举考试不沾边，祖父自然不能容忍他的这个爱好。他就只能偷偷地学。自学数学，总得买数学书来研读。那时候，上海已出版了许多西方数学的译本，在各地都可以买到，可是他又没有钱买。他生活在一个四世同堂的大家庭，并不穷，怎么会无钱买书呢？

原因不是家里没钱，而是他本人没钱。他没有职业，赚不来钱。全家人只靠他的祖父沈焕一个人赚钱养活。家里有那么多人，花钱由祖父分配。这在大家庭中，就叫作"公账"。吃饭、穿衣、盖房子这些生活费，都由"公账"包办，每月再给各个小家庭发些零用钱。这原是我们中国老式大家庭的一个重要特点。例如《红楼梦》里写到的贾府，就是一个大家庭。生活也是由"公账"开支，由王熙凤管家，每月给各房也就是各个小家庭发零用钱。她之所以"私房钱"多，除了她娘家给她的陪嫁钱之外，就是她利用管家的职务之便，以权谋私贪污"公账"而得的。她又会拍贾母的马屁，哄得老人家信任她。因而，贾府的许多人既怕她，又恨她。汉语词汇里之所以有"私房钱"这个词，就是因为我们中国实行了几千年的家族制度，过的是聚族而居的大家庭生活。四世同堂、和和睦睦，原是很多老辈的理想。可大家庭是由小家庭组成的，小家庭里还有更小的家庭，就难以保证所有的人都没私心，所以当家人就得公平，不能偏心，否则家庭矛盾就会产生了。

沈永锡没钱买书，就是由于这个原因。沈家的"公账"中每月发给各房五块银圆作为零用钱。沈恩培有六个子女，大小八口人。上文说过，他是乐天派，自然不管家里的这些琐事。他把这五元零用钱交给沈永锡的母亲掌管。沈永锡很了解母亲的性格。他知道，假如向母亲要钱，她就会说：家里有那么多书，还要买吗？总之要也要不到。他的母亲没什么文化，单知道家里有书，却不知道书与书的内容千差万别。而且，非常不幸，她恰巧是个不赞成子女上学读书的人。她认为孩子们学做生意最重要。她的这个秉性，不但使她的儿子沈永锡为难，而且对将来的孙子沈德鸿也非常不利。

我们生活在世间，有所谓大环境和小环境。这大环境即使再好，但小环境不如意，有时就像在阳光明媚的春天，自己却裹着湿布衫一样。沈永锡就处在这样非常不利的家庭环境里。他也就只好从家里所藏的一部《古今图书集成》中，选取有关数学的部分来偷偷地自学。

到他十九岁时，家里给他订了婚。女方叫陈爱珠，是本镇有名的中医陈我如的女儿。沈永锡在乡试失败以后，自己也就打定主意，向自己的岳父陈我如学中医。他已经很清楚地意识到，父亲有老弟兄三个，各有自己的小家庭和子女，人口越来越多，都靠祖父挣钱养活。即使祖父有万贯家财，老三房分摊后，轮到自己这一辈，还能分得多少呢。若无一技之长，自己将来又靠什么生活呢。他向父亲讲明自己的想法。父亲不敢做主，又请示祖父，祖父却坚决不同意。于是他就自己写信给祖父，委婉地说明学医与考举人并不冲突，可以双管齐下。更何况，从来就有许多官吏兼通医道。经过多次书信往返，再三请求，祖父才勉强同意。沈永锡的选择相当明智而且坚定。他明白，一技之长，对于维持家庭的日常生活，甚至人格独立都非常重要。这是任何空话都取代不了的。

经过争取，沈永锡终于得以到岳父那里去学医。岳父很喜欢这个女婿，自然精心传授。三年后，即1894年，陈爱珠已经十九岁了，双方家长就如约给他们完婚了。

陈家原是世代相传的中医。陈我如既是乌镇的名医，也是江、浙一带的名医。他品格方正，行医认真，加上远近闻名，四方来求诊的人也就很多，多年来自然渐有积蓄，家道比较富裕。他只有一儿一女，且儿子长寿比女儿爱珠小十岁。爱珠特别能干，十四岁起就代替患精神病的母亲管理家务，照顾幼弟，把一切都料理得井井有条。陈我如视女儿如掌上明珠，择婿自然很严。现在他有了满意的女婿，觉得女儿的婚姻美满，心里也就很高兴，便为女儿置备了丰厚的嫁妆，单是填箱的钱就给了八百银圆。在下文我们将会看到，这八百银圆不但对于沈永锡，而且对于他们的儿子沈德鸿的重要意义。

填箱是江、浙一带的风俗，直到现在还是如此。原意是父母在女儿出嫁时，放在女儿箱子里面的钱。这笔钱，在女儿结婚以后，就属她个人所有，可以自由支配。因为按照家族制度，女儿嫁到夫家后，假如缺钱用，就得向丈夫要；假如丈夫做不了主，就得向公婆要；假如公婆也做不了主，还得向更长一辈的家长要。沈家就是如此。这很麻烦，而且未必能要得到。女儿有了自己的填箱钱，就可以免得受窘，甚至免得被夫家的人瞧不起。填箱钱一般是保密的，不能给丈夫和夫家的人知道，以免被他们用花言巧语或者其他什么办法"借去"。万一女儿嫁夫不当，丈夫是个赌鬼、酒鬼、游手好闲的家伙，或者变了心，那这笔填箱钱就成了女儿婚后的活命钱了。这种风俗的形成，自然与中国的家族制度有直接的关系。它实际上体现了父母对女儿婚后生活的担忧。

沈永锡顽强地选择自己的人生道路，一路走来困难重重，但他唯一的幸运就是恰巧得以和陈爱珠结婚。甚至，假如不是因为陈爱珠的坚强与通达、抚养与教导，日后恐怕就不会出现一个"茅盾"。鲁迅先生曾经说过一句深有感触的话，"自由固不是钱所能买到的，但能够为钱而卖掉"。当然，要解释这句话的全部含义，恐怕得专门写一部书。沈永锡在选择自己人生道路中所遇到的困难，便与此相关。因为缺钱，他买不起新出的西方数学译本，从而也就失去了自学西方数学的自由。靠从《古今图书集成》中选取数学知识来自学，即使学得再好，也还是落后。那时候，中国第一流的传统数学家，做过同文馆数学总教习的李善兰，也在虚心地研究"洋鬼子"的数学，和"洋鬼子"一起翻译他们的数学著作。但在沈永锡的家人中，能够支持他的爱好和志向的，除了他的妻子之外，却无第二人。结婚以后，当他得知她有八百银圆填箱钱，不禁喜出望外，以为这下可以实现他的理想和计划了。他计划着要买哪些新书，还要和妻子一道去上海、杭州、苏州见见世面，甚至还要到日本去留学。

说来真有点凄凉，一个已婚男子，差不多也属官商子弟，堂堂秀才，却从来没有当过家，也没有见过、用过多少钱。妻子的这八百银圆填箱钱，宛如给他插上了幻想的翅膀，以为可以凭此自由飞翔了。陈爱珠当过家，也读过许多书，比他成熟多了。她知道，这些钱办不了这许多事，但买新书还是可以的。其实，他的祖父一心要通过他来实现改换门庭的梦想，把他限定在科举正途之中，又怎么会容忍他的理想，由他自己做主呢？

由于陈爱珠的理解和支持，他毕竟实现了理想的一部分，可以买新书了。他于是按照报纸上的新书广告，买了一些当时已相当流行的关于西方科学、医药、政治、经济、历史的新书，潜心研读起来。像那个时代绝大多数的青年一样，他也希望通过这些书籍学习新的知识，寻求新的人生道路的指南。同时，他也把自己喜爱的新书介绍给妻子。

结婚两年后，也就是1896年，这对恩爱夫妻生下了他们的第一个儿子沈德鸿。此时沈永锡二十四岁，陈爱珠二十一岁。

也就在这几年间，中国的社会发生了巨大的变化。这种变化，不但影响着这个小家庭，而且影响了沈德鸿的整个青少年时代。其中的一个基本观念，直到今天仍然非常流行，这就是"生存竞争，优胜劣败"。现在，我们有必要交代一下我们的主人翁沈德鸿所处的新的文化环境。在下文我们将会看到，这种环境和他的家庭遭遇结合起来，赋予了他许多自觉性，特别是自立自强的自觉性。

也就在沈永锡结婚的那一年，爆发了中日甲午战争。清朝光绪甲午年，也就是公元1894年。经过二十多年改革维新的日本，从一个落后的东方封建小国，迅速发展为一个资本主义强国。清朝北洋海军经过多年的经营，所拥有的装备并不弱于日本海军，而且北洋海军的许多管带，即舰长，也属留学生出身。但战争的结果，却以北洋海军的覆灭而告终。如果有谁看过电影《甲午风云》，一定会记得黄海大战中民族英雄邓世昌指挥致远舰开足马力撞向日军旗舰吉野号的情景。这场战争的失败宣告了前面所说的洋务运动的破产，表明了中国还应当有新的选择。

1895年，战争失败后，中、日签订的《马关条约》竟规定中国除了给日本割让土地以外，还得向日本赔偿2亿两白银的战争赔款。这笔巨大的赔款，要榨干清朝政府十来年的财政收入，更要榨干中国人民的血汗。同时，各列强已在酝酿瓜分中国。"亡国灭种"的危机，使很多中国人从千年沉梦中惊醒，从而推动了中国的维新运动。变封建君主专制制度为君主立宪制度，变农业国为工业国，废除科举制度创办新式学校等，就是这次维新运动的主要呼声。到戊戌年（1898年），在这个运动的推动下，以光绪皇帝为首的清朝政府开始实行戊戌变法。可是正在这个节骨眼上，慈禧太后发动戊戌政变导致这场变法失败了。

不过，尽管如此，维新运动还是保存了一些重要成果。除了中国人民经受了维新变法意识的洗礼之外，京师大学堂也被保存了下来。

京师大学堂是在1898年创办的，它就是北京大学的前身。除此，还有各省兴办的西方式的学校，这些在当时都被称作新式学校。我们今天的小学、中学、大学，也就是在那个时候开始出现的。新式学校把西方的数学、物理、化学、生物学等自然科学,以及外语、世界历史、世界地理列为课程。当然,我们中国的语文、历史和地理更是重要的基础课。这种新式学校,与以教学"四书五经"和作八股文为主的中国旧式的私塾、书院,不但在形式上,而且在教学内容上都有很大的不同。

教育改革的同时也推动了当时的出国留学热潮。社会上纷纷举办各种技术和外语培训班,以满足社会青年学习的需要。特别是外语培训,尤其红火。当时,上海的老《申报》三天两头就有外语培训班的招生广告出现。到1905年,清朝政府终于下令废除科举制度。从此之后,人才便主要从学校中选拔了,这有利于新式教育的发展。

这一切就是沈德鸿青少年时代上学读书时的社会背景。他不必再像他的父亲一样,关在家里死啃"四书五经",练习那个无聊的八股文了。

当时的北洋水师学堂校长严复,在密切地关注甲午战争的进展。这个水师学堂相当于今天的海军学院。许多参战的北洋海军舰长都是他在英国留学时的同学。前面提到的邓世昌,就是他在福建船政学堂读书时的同学。但是他们都没有像严复那样,深入地研究过中国之所以落后于西方的原因。他预见到了这场战争的可悲结局,并且借助深入的观察形成了自己的见解。他的见解在当时,比所有的人都看得更远,也看得更深,因此能被中国的先进知识分子所接受。

他曾经深入观察、比较中国和西方的社会与文化，认为世间的一切事物都是人所创造的，创造力是否得到了培养和发挥关键在于人本身。他认为中国落后和失败的根本原因是中国人的素质不行。但中国人并不是天生素质差，而是由许多复杂原因造成的。

这些原因，总体来说，是清朝末年的政治制度和文化存在严重的问题。它不但未能鼓励和培养人们的创造性和自立自强的精神，倒是恰恰相反，扼杀了人们的创造性和独立自主的精神。例如，清朝末年的科举制度就是一种扼杀人才的制度。它用功名利禄把人们吸引到科举道路上去，让人们一头钻进"四书五经"和八股文中，用尽一生的精力，所学的却是不切实际的东西。然而当时西方社会推行的是科学和民主的思想，鼓励人们自由竞争，充分发挥自己的创造力，虽然它也有很多毛病，并不是理想的社会，但科技发达，国家富强。当时的中国要想赶上甚至超过西方，就应当选择新的道路，推行科学和民主的思想。

就这样，从 1895 年，也就是沈德鸿出生的前一年，严复开始翻译介绍一种新的进化论的人生观和世界观，以此唤起中国人的民族危机感：不要自甘落后，而要自立自强，刻苦学习，锻炼身体，做到全面发展；要做自己的主人和国家的主人，团结一气，奋起与西方列强竞争；只有把中国改造成独立富强文明的国家，中国才能自立于国际竞争中。否则，他认为按照"生存竞争，优胜劣败"的规律，中国就有"亡国灭种"的危险。但要做到自立自强，就必须学习、运用西方的科学，实行民主制度。

这一思想通过报纸、杂志和书籍的大量传播影响了好几代中国人。严复在1898年正式出版的《天演论》一书中，集中阐发了这一思想。陈独秀、李大钊、鲁迅、毛泽东，也包括沈德鸿，这些中国近现代史上的著名人物，都曾经深受这种思想的启发和影响。社会上许多青年甚至还按照"生存竞争，优胜劣败"的意思给自己改名字。例如，胡适原来并不叫胡适，他按"适者生存"的意思，改名为胡适。由此可知，这种思想的影响是多么广泛而深刻持久。我们在上文所讲，沈德鸿在参加工作后所表现的刻苦学习、自立自强、胸怀大志、藐视厄运、力辟新路的人生观，就是这一思想的体现。

社会改革的潮流和这些新的思想观念也传播到了乌镇，这令沈永锡振奋而激动，也激发了他新的希望。他与家乡的一些亲戚朋友，如卢鉴泉、沈听蕉，经常在一起谈论时事和这些新的思想观念。他们都渴望着变法能够成功。在思想上，他成了维新派。当戊戌变法正处在高潮的时候，他就打算到杭州去读刚创办的新式大学。他还打算以后再考官费留学生，到日本去留学。只要考取官费留学生，出国留学就不必向家里要钱了。那时候，中国留学生选择的留学国家主要是日本。这既是因为人们认为日本学习西方有成效，也是因为日本离中国近，留学费用要比去西方少。他还想，假如考不上官费留学生，他就去北京，上京师大学堂。

可是，不久，戊戌政变的消息传来。慈禧太后先把光绪皇帝禁闭起来，又通缉主张变法的领袖康有为、梁启超，杀害了积极参加变法的谭嗣同等"戊戌六君子"，罢免了许多赞成变法的官吏。沈永锡空高兴了一场。到了庚子年（1900年），八国联军又攻占了北京，发生了庚子事变，他的祖父在这一年也因病去世了。后来，他们的第二个儿子又出生了。这就是沈德鸿唯一的弟弟沈泽民。这一连串事情的发生，再一次使沈永锡的理想和抱负未能实现。

到了1902年，各省又举行乡试考举人。这次考试废除了八股文，改考策论。考策论，也就是要考生写对于时事问题的见解和对策的论文。沈永锡本来不想去考，可是亲戚朋友都劝他去。既然如此，他也就与卢鉴泉、沈听蕉等几个亲戚朋友结伴，一道去杭州参加考试，顺便去杭州玩一次。

到了杭州，他逛了很多书店，买了不少新书，还给妻子买了《西游记》《封神榜》《三国演义》《东周列国志》等中国古典小说，以及一些上海新出的西方小说的翻译本。他知道她喜欢看小说。

可是，他刚参加了第一场考试，就得了疟疾。他服了点药后，勉强考了第二场。毕竟坚持不住，没等考第三场，他就回家了。自然，这一次乡试，他又名落孙山。从此以后，他再也没有出过远门。1905 年，清朝政府下令停止乡试。到 1906 年，整个科举制度被彻底废除。

四、父亲的瘫痪和遗嘱

其实，沈永锡还患有更严重的疾病，并开始渐渐发作。他总是低烧盗汗，终日觉得疲劳。虽然他是中医，但也诊不出自己得了什么病。他给自己开方子，服了也不见效，身体一天不如一天。那时，他的岳父已经因病去世了。岳父的几个学生是他的同学，都来给他看病，但也诊断不出个所以然。恰好在这时，陈爱珠唯一的弟弟长寿又得了肺病，医治无效而死。他又得和妻子一同去料理。一年后，他终于病倒了。

起初，他每天还能挣扎着起床，坐在房间里看一两个小时书。他积极与病魔抗争，总以为自己的身体终究会好起来。他对数学最感兴趣，已经自学到高等数学的微积分。即使在病中，他仍然每天坚持自学。除此之外，他还喜欢物理学和化学，其次便是世界历史和地理。他还很关心时事，经常阅读那时留日学生所办的宣传革命的报刊。

戊戌政变和庚子事变以后，中国的许多知识分子看到清朝政府在慈禧太后把持下越来越腐败,便对它灰了心,觉得假如不推翻这个专制政府,中国就没有出路。这时,孙中山先生正在组织和领导很多爱国志士准备发动革命,推翻清朝政府,把中国改造成一个独立富强的民主国家。此举受到大多数留日学生的支持。他们纷纷创办报刊,宣传革命,并把这些报刊寄到国内。那时候,年轻的鲁迅先生也在日本留学,就曾在这些报刊上发表过许多这样的文章。

可惜,先是家庭的限制,现在又是病魔缠身,沈永锡一腔抱负,难以施展。但他并不屈服于困境,空耗生命,仍然坚持自学他所喜爱的学科。

再后来,他便起不了床了。他只好整天躺在床上,常常支着双腿看书。久而久之,他的双腿便不能伸直,仿佛腿筋已经缩短。渐渐地,人也日益消瘦,身体不能转动,连翻身也得别人帮忙。他的妻子陈爱珠不得不日夜守在他的床前。白天,她经常为他拿着书,竖立在他胸前给他看,看过一页,再翻到下一页。这时他自己捧书也已很困难了,他的筋骨在一天天变得僵硬。他连举手都觉得很沉重,手也拿不稳东西了。

那时候,沈德鸿正在镇上刚创办不久的立志小学读书。学校就在他家的隔壁。每天下午他放学回家后,母亲便让他暂时代替她坐在父亲的床前,像她一样拿着书,竖立在父亲的胸前给他看。父亲瘫痪以后,母亲为了不让他感到难受和不便,不辞辛劳,尽力保持他原来的学习习惯,希望他总有一天能好起来。但她还有许多家务事要做,每天都得给丈夫换衣服、洗衣服,也就不得不让小小年纪的儿子分担一点照料父亲的事,好让她抽出身来去洗衣服,或干别的家务。

沈德鸿虽然出身于一个亦官亦商的大家庭,可是由于父亲的不幸遭遇,小小年纪便开始承受生活的磨难。如果有谁曾照料过无望康复的瘫痪的父母,一定知道其中的艰难和苦痛的心情。然而母亲的坚强和勤恳,父亲的好学和顽强,以及他们对待厄运的态度,却在沈德鸿幼小的心灵中,播下了孕育他性格的种子。

有一天,沈德鸿正拿着书给父亲看,父亲忽然说:"不看了。"他停了一会儿,仿佛是打定了主意,又说:"拿把刀来。"沈德鸿心头一惊,忙问:"拿刀做什么?"他回答说:"手指甲太长了,用刀削指甲。"沈德鸿觉得奇怪,怎么用刀削指甲呢?他毕竟太小,无法理解瘫痪的父亲的心理,就把家中的一把水果刀递给父亲。父亲拿着刀,盯住看了好一会儿,眼中含着复杂的神情,终于把刀放下,让儿子把刀拿走。他也不看书了,叫沈德鸿去看看妈妈衣服洗好了没有。沈德鸿走到楼下,看见母亲已洗好了衣服,就对她说:"爸爸要剪指甲。"母亲就擦干手,连忙上楼去了。

待沈德鸿再上楼回到屋里时,他看见母亲坐在父亲的床沿上，低着头，眼圈发红，像是刚刚哭过的样子。到了晚上，待到父亲睡着后，母亲就悄悄告诉沈德鸿缘故。

原来，母亲上楼要给父亲剪指甲，父亲告诉她，他并不是要剪指甲，而是想自杀。他对她说，他的病看来是不会好了。这样拖下去，事事都要人服侍，也不知拖到什么时候，会把她拖垮的。现在，已明知这病不会好了，每天还要花许多钱买药，这岂不是浪费吗？还不如把这些钱省下来，留给她和孩子将来用。他又说，只要有钱，即使没有他，她也一定能把两个孩子教养好。这就是父亲想自杀的原因。母亲听了，不由得伤心流泪，但又强忍悲痛耐心劝慰父亲。母亲说他的病一定会好起来，即使治不好，也不要怕。大家都在想办法，不会让他觉得寂寞和不便。一家人生活在一起，即使他瘫痪了，也还有生活的乐趣。母亲的反复劝慰，终于使父亲回心转意，答应再不起自杀的念头了。但母亲仍然不放心，不得不叮嘱沈德鸿，以后要把刀藏好，剪子也要藏好，不许再给父亲。沈德鸿这才意识到家庭的艰难和不幸。

自从沈德鸿上小学后，每逢星期天，外祖母都要派她家的帮工阿秀给父亲送食品来，顺便带他到外祖母家吃午饭，让他和弟弟一起尽情玩耍一会，开开心。然后阿秀再领着小弟兄俩去见他们的父母，让他们同父母团聚一会儿，再把弟弟送回外祖母家。那时候，因为父亲的病，加上母亲太忙，就把弟弟放在外祖母那里。

这件事发生后的一个星期天,外祖母又派了阿秀来送食品,准备带沈德鸿去外祖母家。母亲连忙拦住了,不让他去。阿秀不知道原因,母亲也不好说明,可是沈德鸿心里却明白。这时,父亲笑着说:"让孩子去吧,我已经答应过了,一定会守信用的。"他在暗示母亲,他不会再起自杀的念头了。他不愿让自己的幼儿分担他的不幸,也不愿让幼儿为自己担忧而牺牲了本已很少的童年欢乐。他的坚强和深情,藏在含蓄的只言片语中。母亲见他这样坦然,才让沈德鸿去了。这种艰难之中的温情,令沈德鸿既过早地体会到父母的艰难和相依为命,也能够体悟到那含蓄而深长的父爱。

长期瘫痪而无望康复的病人,在忍受着病痛折磨的同时,内心对终日服侍自己的亲人们会产生内疚之情,有时会觉得不如死了反倒使大家解脱。然而,面对亲人的依恋和失去亲人的痛苦,又不忍一死了之,不得不强作笑颜,来宽慰他们。生死两难,无论生或死,对他们都是刻骨铭心的折磨。对此,童年的沈德鸿自然难以全部理解,然而这一切却是他亲历的家庭生活。随着年龄的增长,这种体会就日益深刻,也使他逐渐懂得生活的艰辛。正如人们常说的那样,困境催人成长,也磨砺着人的性格。

那天下午,阿秀领着小弟兄俩回家时,母亲暗中交给她一张纸条带回去。第二天,外祖母领着阿秀和沈德鸿的舅母宝珠一起来了。原来她们商量好,要给父亲请一位外国医生来治病。那时候，离乌镇约二三十里的南浔镇，是一个更大的市镇。镇上开办了一家西医院，医生是日本人，出诊费很贵。医生到乌镇来出一次诊，要五十银圆出诊费。母亲担心父亲不同意，所以请外祖母来一起劝说父亲。

外祖母对父亲说明了情由。父亲听后，果然摇了摇头说："何必花这笔冤枉钱呢，日本人也未必有本事治我这怪病。"但外祖母很坚决地劝他，无论能否治好，总还是要治，哪怕只查清病症，也是值得的。只要他愿意治病，家里不吝惜钱。母亲和舅母也一起帮着劝说，父亲也就只好同意了。

五天后，从南浔镇来了一位日本女医生，带着一位女翻译和一位女护士。外祖母见是女的，满脸不高兴。这也难怪，因为那时候，按中国的老习惯，没有女人当医生的。还是母亲开通，说女医生也是一样，只要能治病就行。这边外祖母刚被劝好，那边祖父又不高兴了。他不愿意见到日本人，更何况是女的，就干脆出去不管了。

医生为沈永锡里里外外都做了检查，望着皮包骨头的病人，摇了摇头，无可奈何地离开了病床。母亲为父亲重新穿好衣服，盖好被子，就陪着医生一道来到客厅，招待医生一行三人吃茶点。外祖母也一边招待医生，一边问这病可有办法治。医生和翻译商量了好一会，才由翻译委婉地回答说，病人全身的肌肉都已萎缩，可是饮食照常，只要你们小心照料，不会马上出事的。这实际上就是告诉她们，已经无法治疗了。外祖母连忙问这究竟是什么病。翻译又和医生商量了一会儿，就拿起桌上的纸笔，写了两个大字"骨痨"。

母亲一看见"痨"字，心中一惊，忙问翻译骨痨是什么病。翻译回答说，这是痨病的虫子钻到骨头里去了。这一下，母亲才知道，父亲得的是不治之症，却只能强忍眼泪，默默伤心。护士又给开了一点开胃和润肠的西药，收了钱后，就回南浔镇去了。

这时候，祖母也来了。大家一同来到病人的床前，心中都充满了悲伤。母亲只好强作镇定，把医生的诊断简要地告诉了父亲。又问他："你知道什么叫骨痨？"父亲想了想，回答说："中医书上本没有骨痨这个名称。痨病虫子是土话。西医书上所说的肺结核，在中医就叫作肺痨。这结核是一种病菌，它会移动。照这样看来，想必是结核菌感染到骨髓里去了。这病是没法治了，医生开的药，吃了也没用。"

这种病现在称作骨结核，在当时属于不治之症。沈永锡也曾看过不少西医书籍，现在既已彻底明白了自己的病情，反而显得很平静，说话也心平气和，可是外祖母和宝珠都忍不住哭了。他笑着安慰大家，说："请西医来，也只是想弄清病情。现在既然知道是不治之症，我倒安心了。只是不知道还能活几天，我有许多事要预先安排好。"

从此以后,他就不再看书了,而是考虑如何安排好妻儿将来的生活。他知道,自己的父亲过惯了吃现成饭的日子,又是个乐天派,既不善经营,也不太管家。一大家子都靠一爿纸店维持生活。自己的母亲又不赞成孩子进学校读书。自己死后,如果父母不让他们的小孙子继续在学校上学,这可怎么办呢?他就这么整天考虑,为儿子的前途担忧。他想来想去,决定立下一份郑重的遗嘱,说明自己的安排,以免别人干涉。

一天,沈德鸿在父母的房间,看见父亲口述,母亲一边记录,一边流泪。记录完后,母亲又读了一遍。父亲点头说:"就这样吧。"但母亲想了想,觉得不妥,说:"这是一件大事,由我写了,人家会说这不是你的主张。应当请孩子的祖父来写,才妥当。"父亲听了,苦笑笑说:"还是你想得周到。"于是,就叫沈德鸿去请祖父来。

沈德鸿便去请来了祖父。沈永锡没有把陈爱珠已写好了的底稿给沈恩培看,而是自己又讲了一遍,请沈恩培记录,然后还请沈恩培署上"沈伯藩口述,父砚耕笔录"的字样和日期。伯藩是沈永锡的表字,砚耕是沈恩培的表字。沈永锡和妻子陈爱珠之所以如此慎重,并且一定要请沈恩培来做亲笔记录,是因为这是他经过周密考虑的遗嘱,这关系到他的儿子的未来。他以为只要立下了这份由他拟定,又经自己父亲同意和亲笔记录的遗嘱,在他死后,两个儿子就可以按遗嘱上的安排来生活和求学,别人就不能无理干涉了。

在这份遗嘱中,沈永锡说,按中国的形势来看,不久就会天下大乱,如果不进行第二次变法维新,中国就会被各个强国所瓜分。无论哪一种情况发生,都需要懂得西方理工科知识的人才。到那时,只有学好了理工科知识和技术,才能谋生,养活自己。假如不愿在国内当亡国奴,到外国去也可以谋生。因此他嘱咐自己的两个儿子,一定要进新式学校学习"实科"。那时候,新式学校的分科有文科和实科两大类。文学、历史、哲学、政治、法律和经济学等,都属于文科。实科也就是理工科。他在遗嘱中还郑重地说明,将来培养两个儿子上学读书的费用,不必由孩子的祖父负担,而由孩子的母亲陈爱珠用自己的嫁妆钱负担。

实际上,他为儿子做出的安排,在当时已很有代表性,而且直到 20 世纪五六十年代,还在中学生中流行着这种观念,叫作"学好数理化,走遍天下都不怕"。他为沈德鸿所安排的,就是这条道路。

沈永锡立下这份遗嘱,也就完成了他对两个儿子未来前途的安排,了结了一桩心事。这自然与他对中国的前途、对自己父母的看法有关,也与他的抱负和在家庭中一直没有独立的经济自主能力有关。他对他的妻子充满了信任,相信她一定能够按他的遗志,把两个儿子培养成才。

从此以后,他就天天对沈德鸿讲国家大事,讲日本是怎样变法维新的。他勉励自己的儿子,"大丈夫要以天下为己任",并反复讲解这句话的含义。什么叫"以天下为己任"呢?就是要有远大的志向,不要只想到个人的利益,专为个人打算,而要承担起民族和国家主人翁的职责,把民族和国家从苦难中拯救出来,开辟新的生路,为人民造福,这样也才能拯救自己。因而,自己首先得自立自强,刻苦学习,努力掌握真才实学。它能使人站得高看得远看得深,不但让人具有克服困难的勇气,而且让人具有克服困难的智慧。母亲也对沈德鸿说,要做个有志气的人,勇敢地面对生活的艰难,遇山开路,逢水搭桥,没有克服不了的困难。俗话说,"长兄为父"。父亲去世以后,哥哥就是弟弟的榜样,哥哥怎样,弟弟也就会向哥哥学。哥哥一定要给弟弟做个好榜样。

父亲知道自己剩下的时间不多了,就让母亲帮助整理他的书刊。他挑出《新民丛报》《格致汇编》《仁学》留给沈德鸿,其余的就分送给了他的朋友。他指着这些书对沈德鸿说,这些书你现在还看不懂,但将来是会看懂的。然后,又特别指着《仁学》这部书对他说,这是一部奇书,将来一定要好好看懂它。

这都是些什么书刊呢?

《新民丛报》其实是一份杂志。在清朝末年,人们把英文里的"杂志"一词翻译为"报"。这份《新民丛报》,就是我们在上文提到的维新运动领袖之一梁启超创办的。

戊戌政变后,由于被慈禧太后指名通缉,梁启超就逃到了日本,并创办了这份《新民丛报》,继续宣传变法维新思想。当时,这份《新民丛报》属于清朝政府查禁的杂志,都是从日本偷运到上海出售的。

《格致汇编》则是一份科学杂志,是由英国人傅兰雅在上海创办的。那时候,傅兰雅还在上海和几位中国学者一起创办了一所格致书院,也就是科技学校。他在中国几十年,翻译了一百几十种西方科学书籍。在当时,他也因热心在中国传播科学而闻名。"格致"这个词,是当时对英文的"科学"一词的一种翻译,它就是科学的意思。这份《格致汇编》在中国影响很大,许多中国人起初就是通过这份杂志来学习西方科学的。

《仁学》的作者就是我们在上文提到的谭嗣同。他是中国近代史上的一位著名思想家和英雄人物。戊戌政变后,他也是慈禧太后指名通缉的人,但他自己不肯逃跑,宁愿牺牲,目的是要用自己的鲜血来激起人们变法维新的决心。后来他被清朝政府杀害。这部《仁学》也确实是一部奇书,起初就是由梁启超带到日本,在《新民丛报》上连载的。这部书所讲的也是反帝反专制的变法维新的理论。

了解了这些杂志和书籍,我们就可以明白,父亲除了给沈德鸿留下了一份遗嘱,还留下了一份科学和民主的思想遗产。

父亲的这些临终遗言，以及父亲在身患不治之症，处于死亡的边缘时，仍努力学习的顽强品格，在沈德鸿幼小的心灵中留下了深刻的烙印。

1905年秋初的一天，天气闷热。沈德鸿正在和弟弟一起写字，突然听到母亲一声裂帛似的哭号。兄弟俩急忙奔去，只见母亲一边哭着，一边给父亲换衣服。原来，父亲已经静悄悄地离开人世，像睡着似的永远不会醒来了。兄弟俩望着父亲的遗体，不禁放声大哭。病魔夺去了他们的父亲，从此他们再也听不到父亲的教诲，得不到父亲的爱护了。

丧事料理完毕，母亲在家里设了一个小小的灵堂，挂上父亲的遗像，只供一对花瓶，插上鲜花。从此以后，生活的重担全都落在母亲的肩头。她得既当母亲又做父亲，去排除万难，抚养、培育两个幼儿，开辟艰难的人生之路。

五、母亲的儿子

有些人，一生主要受到父亲的培育，是父亲熏陶了他的性格。我们就说他是父亲的儿子。有些人，一生主要受到母亲的培育，是母亲熏陶了他的性格。我们就说他是母亲的儿子。母亲不仅给了沈德鸿无微不至的关怀和照料，还是他最早，也是最重要、影响最大的启蒙老师。甚至父亲的好学与自立自强、胸怀大志的品格的形成，也主要是受到母亲的督促和鼓励。是母亲誓守父亲的遗言，用全部心血培育了他们的幼儿。父亲去世后，慈祥而坚强的母亲不仅是沈德鸿唯一的依靠，也是他一生的榜样和穿越人生丛林的向导。直到沈德鸿成了八十多岁老人的时候，他仍然深深地怀念着他的母亲，就像幼儿依恋母亲的怀抱一样。他是母亲的儿子。

1875年，沈德鸿的母亲陈爱珠出身于名医之家。她的母亲，也就是沈德鸿的外祖母，因为受了刺激，患有一种时好时发的精神病。病发时，她就会头脑不清楚，行动反常。但是不发作时，又和健康人一样。外祖母曾经生过两个孩子，都夭折了。她是因承受不了这种刺激才患病的。她一心想生一个儿子，可是她生下的第三个孩子又是个女儿。这就又使她发病了。但是，她的丈夫陈我如却不这样，他喜欢孩子，无论男孩还是女孩。他给自己这个刚刚出生的女儿取名为爱珠。爱珠长到四岁时，她母亲的病还没有好。陈我如觉得女儿渐渐长大，需要有适当的人来管教。他就把女儿送到他的连襟家里去。他的这位连襟，也就是爱珠的姨父，姓王，是一个老秀才。王老秀才夫妻没有孩子，家道殷实。他们非常喜欢爱珠，把她当作自己亲生的女儿一样精心照料和培养。

爱珠在姨父家生活了十年，直到十四岁时才回到自己家中。她跟姨父学会了读书写字，还看了不少中国古书，懂得中国的古典文学。她又跟姨妈学会了烧饭做菜，裁衣缝纫，会做大人小孩的各种衣服。在姨父姨妈的悉心培养下，爱珠不仅有文化，有学识，而且很能干。在她十岁那年，她的母亲又生了一个孩子，是个男孩。母亲这回是大喜过望，高兴得又发了病。爱珠的这个小弟弟，也就是沈德鸿的舅舅，名叫长寿。长寿四岁时，父亲陈我如把长女爱珠接回家来，让她代替母亲管理家务，照料弟弟。

父亲陈我如是个名医，想跟他学医的人自然也就很多。他因年纪大了，很想把自己一生的医学经验总结出来写成书。又因他特别重视医生的医德，选择学生也就很严，但即使这样，他还是带了四五个学生。这些学生都住在他家里，除教授知识以外，还得为他们料理每日的伙食，因而家里就不得不再请几个帮工。这样一来，这个家里人口就多而杂了。再加上爱珠的母亲有病需要照料，弟弟年幼需要管教，没有一个得力的人来管家，家里自然就总是乱糟糟的。在这种情况下，陈我如不得不把女儿接回来，把管家的任务交给刚十四岁的女儿。谁知爱珠回家后，竟能很快把家里的一切安排得井井有条。不但家里再没有人吵吵闹闹，而且学生们的伙食也改善了，母亲和小弟也得到了很好的照料。从此，乌镇的很多人都知道陈家出了个能干的女儿。就连陈我如也没想到，自己的女儿竟这么聪明干练。特殊的环境能造就和磨炼出特殊的人才，因此爱珠在小小年纪就能承担起那么繁杂的管家的事务。

沈永锡早就听说爱珠有文化又能干，当然高兴。不过，他自己是喜欢那时刚传进来的西方的科学和新知识的。这些科学和新知识，在当时被称作新学，以与中国固有的传统旧学问相区别。中国固有的传统旧学问，在当时就被称作旧学。新学和旧学的有些内容存在着尖锐的冲突。像沈家的曾祖父沈焕就是个旧学派，总是逼着儿孙读"四书五经"，练八股文，一心走科举的道路。沈永锡是个维新派，也就是个新学派，很不愿意走科举这条道路，而是爱好科学，爱好新学，希望按新学的原理来改造国家，选择新的人生道路。显然，在这两代人之间，便表现出新学和旧学的冲突。

新学和旧学的冲突还表现在很多方面，例如，旧学主张国家实行专制，国家大事由皇帝一人说了算，因为国家是属于皇帝的，其余的人都只有遵命服从的份，否则就该杀头；新学则主张人人平等，实行民主，每个人都应当独立自主，有权自由选择自己的人生道路。旧学主张由家长包办儿女的婚姻，男尊女卑；新学则主张男女平等，自由恋爱。由此我们可以知道，我们现在的生活方式，就有好些是属于新学的主张。但这并不是一下子实现的，而是经过几十年的奋斗和变革，才逐渐实现的。由于新学在清朝末年刚刚传进来，这种变革就特别艰难。因为当时旧学还很流行,是强大的习惯势力,所以新学受到了旧学强烈的反对和压迫。这一点在沈家就表现得很明显。沈家除沈永锡外,实际上都是由旧学支配了头脑。

由于这个原因,沈永锡讨厌八股文,却又不得不练习八股文;他不愿走科举的道路,却又不得不去参加科举考试;他热爱科学,向往着读新式大学,甚至出国留学,可是他的祖父连家门都不让他出。他也许在心里说过,他的祖父是个老顽固,可还是不得不按祖父的意志办。祖父毕竟是他的亲祖父,没有祖父就没有这个家,是祖父辛辛苦苦挣钱养活了他们一大家子。要是冲撞祖父,真把他老人家给气疯了,他又怎么能忍心呢?他只好忍受着巨大的精神压力,忍受着事与愿违的痛苦了。这种痛苦,并不是沈永锡一个人才有的,而是他那一代人,以及后来的几代人都承受过的。它是由旧学和新学、旧文化和新文化的冲突,在人们心理和行为上所造成的矛盾与痛苦。

现在他结婚了,有了自己的小家庭。新婚的妻子有文化又能干,他当然很高兴。他们的婚姻也是由家长包办的。她有的是什么文化呢?这是他所不知道的。于是他就得考问考问她,究竟读过些什么书。他知道,一个人读什么书,怎样读书,与这个人的文化修养有直接的关系。考问以后,他才知道,原来她读过的是"四书五经"、《唐诗三百首》、《古文观止》、《列女传》、《幼学琼林》、《楚辞集注》等书。这些书她都能读懂,而且能够解释。这使他既高兴又遗憾。高兴的是她能读书,遗憾的是他觉得这些书都是不切实际的书。

既然有遗憾,就得弥补。于是他就先教她读中国的历史书,深入了解中国的历史。这是一件很重要的事。如果不了解历史,那么就不容易看清眼前的现象和识别实质,缺乏洞察力和预见性。爱珠有读古书的能力,她读起这些书自然不费力,长进很快。他又教她读外国的历史、地理书,把《瀛环志略》给她看。这些书她读起来就比较费力,因为书中讲的内容对她来说太生疏了。但他们一个认真细致地讲解,一个耐心认真地学,哪有学不好的呢。当时,他们一个是二十二岁,一个是十九岁;一个向往求取新知识而学习努力,一个聪明能干又爱学习。在互敬互学中,这一对青年建设着他们相亲相爱的小家庭,也为他们未来的儿子营造了一个温暖、积极向上的氛围,虽然他们也承受着很多痛苦和压力。

沈德鸿五岁的时候,他的母亲就想让他进家塾去上学。那时候,沈家因为人口多,孩子也多,就在家里办了一个家塾,也就是把家里的孩子集中起来,一起在家里上课读书。这是中国旧式大家庭常用的一种教育孩子的方法。我们看《红楼梦》,里面的贾宝玉就是在家塾里上学的。沈德鸿的祖父沈恩培是秀才,因此就当了家塾的老师。可是,我们在上文多次讲过,沈恩培是乐天派,习惯于悠然自得、优哉游哉的生活。他当然很难安安心心地教这些小孩子读书，三天打鱼，两天晒网，也就是常有的事。他经常丢下孩子们不管，自顾自地外出打麻将或听说书去了。他不但不是个称职的老师，而且他所教的都是《三字经》《千家诗》之类的老一套旧学。这里面没有新知识，不符合沈永锡对自己儿子的希望。在培养儿子这一点上，他是一点儿也不退让和犹豫的。虽然母亲想让沈德鸿进家塾上学，但是父亲却不同意。

他知道，孩子的祖父是不会教孩子们新学问的，所以他不想让自己的儿子进家塾。那时候，他既要做医生，又要学习研究新学问，实在太忙。他就让沈德鸿的母亲在卧室里亲自教。母亲觉得这样做也很好，就亲自教自己的儿子读书。她也就成了沈德鸿的第一个启蒙老师。

父亲为儿子准备了一些新教材，让儿子学习新知识。父亲从当时上海澄衷学堂所用的教材中选择了一些课本，由母亲来教。澄衷学堂是上海一所有名的私立中学，胡适小时候也曾在这里上过学，并打下了算术和英文基础，也就是新学的基础。母亲成了儿子的老师，她先用《识字图课》作教材，文字配上形象的图画是一种很好的识字办法。她又从一本《正蒙必读》中抄出《天文歌略》和《地理歌略》，教儿子天文和地理。就这样，卧室成了教室。沈德鸿也就在家里跟着母亲一字一句地学习，开始了他的学习生涯。不久，母亲觉得沈德鸿已识了许多字，应当再教他历史知识了。可是父亲说，没有合适的浅显的历史课本。那时候，中国流行的是文言文，就连澄衷学堂的课本也是用文言文写的。文言文比较难读，这倒不是指它的内容特别难懂，而是指它的字词句章古奥难读。父亲就让母亲自己用浅显的文言文来编一本历史课本。于是母亲就自己一边编写教材，一边教，从三皇五帝开始顺着朝代讲，编一节，教一节。

后来，祖父沈恩培终于忍耐不住了，他嫌教家塾是个负担，不肯教了，就把这事推给沈德鸿的父亲去干。这时候，沈德鸿的父亲刚刚参加过1902年的乡试回来，他的病已经开始发作了，经常发着低烧，只是还没有病倒。他就一边行医，一边教家塾。

因为是自己教家塾，他就让沈德鸿也进家塾读书，由他亲自教。父亲的几个弟弟，也就是沈德鸿的几个叔叔，都在家塾里读书。他们仍然读老课本，学中国的旧学。沈德鸿则继续学父亲指定的新学。父亲是个好学的人，又是依靠自学来学习新学的，因此他对儿子的要求非常严格。每天他除了按正常的进度教学外，还从《天文歌略》中节录出四句，要求沈德鸿读熟弄懂，然后再慢慢地增加到每天十句。他在儿子身上寄托着殷切的希望，希望他迅速成长为一个掌握新学的有用人才。可是他没有想到，希望太急切，往往欲速不达。沈德鸿读着、背着那些关于天上星座的歌诀，在他那幼小的头脑里，不但没有对它们产生兴趣，反而生出些厌恶的感觉，因而没什么长进。这使父亲大为烦恼。

教家塾不到一年，父亲就病倒了，母亲得照料他的病。他不能再教家塾了，只好再由祖父来教。这时，父亲仍然不愿让沈德鸿进家塾接受祖父的那一套旧学问，就把他送到镇上一个亲戚办的私塾里去继续上学。这个亲戚是沈德鸿曾祖母的侄儿，叫王彦臣。他教书很认真，收的学生也就多。父亲曾特别叮嘱他教沈德鸿新学，可是他不懂新学，所教的还是沈恩培的那一套。父亲自己既已瘫痪，也就顾不上了。但他仍常常托人代买些新的数学书，自己一边躺在床上自学，一边也想教儿子，希望给儿子打下数学的根基。可是他已不大能动，只好躺着单靠口说讲解。这自然很难让一个幼儿听懂。沈德鸿听着听着，也只觉得这些数学枯燥乏味，想听也听不进去，弄不懂学不会。久而久之，他反而对父亲所传授的新学产生了害怕和憎恶的情绪，感到这些新学好像是对他的头脑的折磨。这又使父亲大为烦恼，他自己那么爱好数学，可是自己的儿子却一点儿也不感兴趣。

总之，父亲对沈德鸿幼年的科学训练是失败了。病魔不但折磨他的身体，也妨碍了他对儿子在科学兴趣上的培养。

沈德鸿在私塾只读了半年，他父母就决定让他转入新式小学去上学了，因为这时候乌镇终于也办起了新式小学。

第三章
前途无量的小学生

一、在初等立志小学的收获

乌镇创办新式小学要比上海、杭州、苏州、天津等城市迟，到1902年乌镇才在郊外创办了一所中西学校，第二年又创办了一所初等小学。按清朝政府规定的学制，小学分为初等小学和高等小学两个阶段。初等小学要读四年才能毕业，高等小学则要读三年才毕业。不过各地的具体情况有所不同，学校有许多自主的规定。

沈德鸿的家住在市河东边的观前街，当时的行政区划属于青镇。就在他家的紧邻，原有一所书院，叫作立志书院。书院也就是旧式的学校，里面也有先生和学生上课，但是，它与新式学校在性质上很不同。书院只教旧学，教学的主要目的也只是为科举考试培养人才。清朝末年的教育改革，在废除科举制度的同时也废除了这种书院，主张创办新式学校。新式学校就不同了，它要设置许多像我们现在所说的科目和课程，例如语文、外语、数学、历史、地理、音乐、体育、思想品德，等等。只不过我们现在所说的中国语文，那时称作国文，思想品德教育那时称作修身。也就是说，新式学校主要教新学，即使教旧学，也还是按新学的教育方法来教的。自然，它的教学目的也就不再是为科举考试培养人才，而是为社会培养各种人才了。立志小学就是在立志书院的原址上改造创办起来的。学校大门两边刻着一副大字对联，写着"先立乎其大，有志者竟成"，这是在勉励学生要胸怀大志。

万事开头难，立志小学的创办也是如此。虽然它只是一所初等小学，但在它开创的时候，要想把所有的课程都设置完备是很不容易的，因为这需要各科的教师。那时候，教师很缺，特别是能教新学的教师更少。这是因为那时候懂新学的人少。真正懂新学的，往往是归国留学生。例如，鲁迅先生在清朝末年从日本留学回国后，就在浙江绍兴的一所中学教书，他就是懂新学的。立志小学说起来也排定了整整齐齐的课程，有修身、国文、历史、地理、数学、音乐、图画、体操，但实际上能够开出的课程没有这么多，像音乐、图画和体操课就因没有教师而未能开设。沈德鸿所上的这所立志小学，显然不是一所条件好的学校。

这种困难还体现在招生方面。在乌镇那个地方，比不得上海的社会风气那么开通，有许多人愿意进新式学校读书。乌镇的大多数家长，还是像沈德鸿的曾祖父那样的旧脑筋，一心要儿孙走科举考试的道路；或者像沈德鸿的祖母那样，根本不赞成儿孙进学校，而是希望儿孙学做生意，能够早早地赚钱糊口。

像沈德鸿的父母那样有新思想的人，当时在乌镇还不多，所以父亲一听说立志小学开办了，就立即让沈德鸿离开私塾，转入这所小学来上学。沈德鸿自己也很喜欢到这所小学读书。在新式学校读书，当然不会像在家塾和私塾中那么沉闷。就这样，沈德鸿成了立志小学的第一届学生。

那时候，立志小学只开设了两个班，一个是甲班，一个是乙班。招生本来就难，能招到五十几个学生，开设这两个班，就已经很不容易了。这还是因为校长在当地有名望，才招到这么多学生。这位校长叫卢鉴泉，是沈德鸿的表叔，也就是他姑奶奶的儿子。1902年时，他曾与沈德鸿的父亲一道去考举人，中了举，所以名声大振，在当地很有身份。乌镇人见是举人出面办学校当校长，学校在镇子的中心地段，而学费又少得几乎等于零，只要报名就可以入学，不必经过考试，才有一些人肯来报名。但即便如此，还是有很多人不肯来。

开学时，学生按年龄分班。年龄大的进甲班，年龄小的进乙班。沈德鸿就被分到了乙班。一个星期后，学校又按学生的实际文化水平重新分班，沈德鸿因为已经识了不少字，就被转到甲班去了。甲班的学生中，年龄最大的是二十多岁，已经结婚了。那时沈德鸿在班上年龄最小。这种情况在现在看来是不可思议的，在那时却很正常。父亲见沈德鸿被分入甲班，很高兴，因为他知道甲班有好老师。可是沈德鸿却有些担心，因为他知道父亲说的好老师中有一位是数学老师，而他却对数学有些害怕了。

甲班只有两位任课教师，其中果然有一位教数学的翁老师。大家都说他的新学很有根基，特地把他从外地聘请来的。这位老师上数学课同现在的教法差不多。他总是在黑板上把计算过程板书得清清楚楚，而且教得既慢又细致。这样的教学效果，自然与沈德鸿的父亲只能单靠口说所达到的效果不同。上数学课时，沈德鸿能听得懂，渐渐地也就对数学不再感到害怕了。

另一位是沈听蕉老师，他是乌镇当地人。这位沈听蕉老师是沈德鸿父亲的好朋友，很有学问。与沈永锡一样，他也热心于新学，是个维新派。不过他教的是修身、国文和历史课。那时候的老师教书，与现在的老师有一样不同。现在的老师都是按国家统一编定的教材，并且按统一的教学大纲的要求来教，自己不能随意选择教材和编写教材，也不能随意增删教学内容。那时候的老师则不这样，得自己选择教材，如果觉得没有适合的教材，他就自己编写。这样一来，老师的思想观念和学问水平对学生的影响就会很大。沈德鸿学的历史教材是沈听蕉自己编的，修身教材却是《论语》，语文教材最受他的喜爱，选的是当时新编的两种课本《速通虚字法》和《论说入门》。前一种教文言文的语法，后一种教如何写作文。这两种课本都被人们称作新学的"洋书"。

那时所说的虚字，也就是我们今天所说的虚词，无论在文言文，还是在白话文中都比较难以掌握，也容易用错。但是沈听蕉老师的讲解和课本中的插图都使沈德鸿很感兴趣。例如，为了讲解"于"字的意义和用法，课本采用"虎猛于马"作例句，插图就画上一只凶猛的老虎扑向一只正在逃避的马。讲解"更"字，例句用"此山高，彼山更高"，而插图就画两座山，一座高一座低，中间再画两个人在那里用手比画。例句对照着形象而又有鲜明特色的图画，就很容易使学生理解。这种形象的教学法给沈德鸿留下了深刻的印象，也引起了他的学习兴趣。

沈听蕉老师是个维新派，向往新学，主张改革，自然也关心国家大事。他既教国文，又教历史。他每个星期都要求学生写一篇作文。写作是一种很重要的文化素养训练。可惜人们往往不了解它的重要性和意义。俄国的伟大作家契诃夫说过，交谈使人敏捷，写作使人严谨。他所说的就是这方面的意义。沈听蕉老师所出的作文题，绝大多数是"史论"一类的题目。像这一类作文，需要同时具备历史和写作两种知识，原是对一个人的分析能力和写作能力的基本而又非常重要的训练。很可惜，我们现在的中学语文课和历史课是截然分开的，语文课对这一类作文很少讲，甚至不讲。要待到大学的文史课论文写作中，它才属于基本要求。

那么什么是"史论"呢？简要地说，是对历史上的事件和人物加以分析、说明、总结和评论的一种论文。例如，从18世纪以来，中国的科学技术为什么远远落后于西方大国？这就是一个史论题目。只有找准了原因，才能找到解决的办法。在中国，从我们在上文提到的严复开始，这个题目已经被很多人做了近一个世纪。实际上，沈德鸿的父亲之所以那么热衷而顽强地学习新学，就与他对这个问题的见解有直接的关系。自然，沈听蕉老师不会叫初等小学生做这样的大题目。他要学生做的只是小题目，诸如《秦始皇汉武帝合论》之类。然而，他也希望他的学生们迅速地成长起来。他教学生做史论，自己首先要给学生详细地讲解，教学生如何立论，如何将过去的历史事实和经验教训与现实联系起来，从而引导学生关心国家大事，培养学生用分析的眼光看待事物，准确表达自己的见解。

沈听蕉老师每个月都进行国文考试，并且郑重其事地出榜。成绩在前几名的学生，就发给一些笔墨文具作为奖赏。学期大考也是如此，不过奖品要丰厚一些，除了笔墨文具之外，还发给下学期的教科书，有时还发给课外书。这激发了同学们的竞争意识和学习积极性，也就形成了良好的学习风气。沈德鸿因为成绩优秀，也就经常获得这些奖赏。在沈听蕉老师的教育下，沈德鸿打下了扎实的语文基础，渐渐地学会了阅读和写作，也培养了学习的兴趣。

阅读能丰富我们的知识，增强我们的理解力和判断力；而写作能训练我们严谨的思考和表达能力。但是从来没有哪个人单靠课堂和课本上的知识就能写好文章的，他还需要注意更广泛地获取知识的滋养。

二、读小说的兴趣

沈德鸿的母亲喜欢看小说，家里也藏有不少中国古典小说和那时新出的西方小说译本。在沈德鸿读小学以前，她有空闲时，就常给沈德鸿讲《西游记》《三国演义》里面的故事。这些故事使他觉得读书很有趣，但他那时识字少，自己还不能读。上学以后，课本上那些生动的图画又使他大感兴趣，也使他想起了那些古典小说中的插图。我国明朝和清朝出版的古典小说，大多有插图，有些还是彩色插图。于是他就在家中堆破烂的房子里寻找，居然找出一个木板箱，里面装了一箱旧书。可惜，这些书都是中国老式的木版印刷的书，印刷质量太差，有些地方还印得很模糊。他从这些旧书中翻拣出一部《西游记》，虽然印刷得不好，但他以前听母亲讲过里面的故事，不由得想知道它究竟是怎么写的，就偷偷地带在身边看。

今天的小学生如果能看《西游记》这种大书,他的爸爸妈妈一定会夸他。可是在那时,沈德鸿却只能偷偷地看。这是为什么呢?说来话长。在我们中国的历史上,小说虽然很发达,可是却一向被当作"闲书",是不许青少年看的。所谓闲书,就是消闲娱乐的书,不正经的书。家长们都认为,青少年应当"两耳不闻窗外事,一心只读圣贤书",也就是一心只读"四书五经"这些用于科举考试的书,这才是有用的正经书。其中的道理,与沈德鸿的曾祖父不许自己的孙子学数学,而沈永锡只好偷偷学数学差不多。但实际上,有很多大人自己是爱看小说的,只不过他们对自己的要求和对孩子的要求不同罢了。沈德鸿正在上小学,学校的功课自然是最要紧的。父母对他的要求又那么严格,所以他也就害怕父母不许自己看小说,只好偷偷地看。

但是沈德鸿错误地估计了他的父母。他父亲虽然瘫痪在床,却也发觉他在偷偷地看小说,不但没有责备他,反而引导他怎样看小说。父亲对沈德鸿说,看看闲书也不是不可以,不必偷偷地看,看闲书也可以把"文理"看懂。他想了想,就叫沈德鸿的母亲找出一本《后西游记》来给他看。

这本《后西游记》的篇幅只有《西游记》的一半那么多,却是一本很有趣的小说。它是模仿《西游记》的形式写的。《西游记》写的是孙大圣大闹天宫后,又和猪八戒、沙和尚一起保护三藏法师去西天取经的故事。《后西游记》则写花果山又出了个孙小圣，也大闹了龙宫、地府和天宫，结果被孙大圣降伏。然后他又和猪一戒、沙弥一起保护半偈法师，去西天取"真解"。原来，《后西游记》说，《西游记》里的三藏法师只取得了"真经"，没有取得"真解"，人们看不懂这些个"真经"，"真经"取来了也还是没有用。要想看懂这些"真经"，就需要取得对这些"真经"的真正解释，使人们对"真经"获得真正的理解。于是半偈法师和孙小圣、猪一戒、沙弥师徒四人，就不得不踏上了去西天取"真解"的艰难历程。他们历尽了种种灾难，克服了重重困难，终于取得了"真解"。

  《西游记》和《后西游记》都是很有意思的小说，不但故事生动曲折，引人入胜，而且这些故事的意义也耐人寻味。读了《西游记》后，再读《后西游记》，如果还能把它们联系起来琢磨琢磨，那就更有意思了。譬如说，我们看见的现象、读的书，甚至能够熟记、背诵的文句，我们却未必已经真正理解，或者理解未必正确，未必深刻，这原是常见的事。这就好比虽有"真经"，却未得"真解"一样。然而正是因为如此，我们就得努力地思考、研索、琢磨，以求得正确、深入的理解和消化，从而转化为自己的知识和智慧。在获取知识和技能，乃至真理的过程中，需要百折不挠的意志，全力以赴克服意想不到的重重困难，这不就像历尽重重灾难，上西天去取得"真经"后还要取得"真解"一样吗?

沈德鸿的父亲是个秀才,懂旧学,又在困难的条件下顽强自学了新学。他明白取得"真经"没有"真解",等于白费。他教过沈德鸿数学,可是沈德鸿听不进去,弄不懂,这数学也就没有被理解,没有转化为自己的知识,等于白费。学习本来是一件主动的事,需要自己主动地去接受,反复思考,才有可能学会。现在要是沈德鸿自己通过《西游记》和《后西游记》明白"真经"和"真解"的关系,自己学会寻求"真解",这真是一件既必要又对他的前途和发展益处无穷的事。

父亲见沈德鸿在偷偷地读《西游记》,且读得津津有味,知道这与《西游记》中含有许多精美的插图有关。他选取《后西游记》给沈德鸿读,还有一个用意,那就是因为这部《后西游记》没有插图。他觉得,闲书中如果有精美的插图,沈德鸿一定没有耐心把正文从头看到尾,而会专拣插图有趣的部分看。这就变成了看插图,而不是看书。一开头,看正文自然没有看插图有趣,但只要真正看进去了,那正文的故事会比插图更有趣。这样就可以让沈德鸿通过愉快的阅读,轻松而兴致勃勃地用自己的心灵来获取和理解其中的意义,逐渐提高自己的语文修养,弄通"文理"。

读小说是一件令人愉快的事,久而久之确实也会令人对"文理"有所体会,进而弄通"文理"。唐朝的大诗人杜甫在一首诗里写道："读书破万卷，下笔如有神。"讲的是这个道理和经验。鲁迅先生在小时候也喜欢读小说，后来不但成了大作家，还写了一部《中国小说史略》，作为他在北京大学教书时的教材。文理也就是如何读书，如何写文章的原理和方法。读小说不但可以使我们获得很多知识、词汇，了解许多景物描写和人物描写的技法，以及组织材料和叙述的技巧，还能使我们知道许多道理，并从中得到启发。这些都属于文理的范围。不过这却没有固定的程式和秘诀，让我们一得之后，无往而不适用。但多读勤思则是提高我们的阅读和写作能力的必由之路。

有些青少年学生之所以觉得作文难，或者总觉得自己的作文写不好，下笔似觉千斤重，其中一个重要的原因就是读书少。读书少，词汇便贫乏，记忆的故事也就少，也就不善于发现故事的意义和通过对故事的编排描写来表达自己的思想感情。不过，关于这一点，我们还是放到后面介绍沈德鸿的作文时再来讲吧。

这一次，父亲对沈德鸿的帮助和引导算是成功了。从此，沈德鸿在家里，不必再偷偷地看小说，而是可以公开看了。看小说也成了他课外生活的一大乐趣，这给他的语文能力的提高带来了明显的益处。一次学期大考，他名列前茅，沈听蕉老师奖赏他两本童话——《无猫国》和《大拇指》。他已经看过《西游记》《三国演义》等许多大书了，自然对这一类小孩子看的图画书不再感兴趣，就把它送给了弟弟。弟弟一边兴致勃勃地看着图画书,一边让妈妈讲给他听。

沈德鸿的母亲有一个堂兄弟,叫陈粟香,也就是沈德鸿的舅舅。粟香舅舅是乌镇的医生,可是他也爱看小说,家里藏有不少古典小说。每逢暑假,粟香舅舅总要接沈德鸿的母亲去歇夏,在他们家度夏天。母亲当然得带着沈德鸿和弟弟一同去,这是一件令沈德鸿高兴的事。

粟香舅舅家收藏的小说,对他有着巨大的吸引力。他也特别爱到粟香舅舅家去歇夏,心里总是盼望暑假快快到来。粟香舅舅有一个儿子,名叫蕴玉。沈德鸿唯一的嫡亲舅舅长寿不幸得痨病死了。外祖母就把蕴玉过继为长寿的儿子,作为陈家的继承人。这是我们过去的习惯。那时候,粟香舅舅为蕴玉请了家庭教师,在家里教蕴玉读书、作文章,他也让蕴玉"一心只读圣贤书",不许看小说。在粟香舅舅家,母亲就有了许多空闲。粟香舅舅和母亲闲谈,总爱谈论他所看过的小说,有时谈论到很晚。沈德鸿一有机会,就和蕴玉溜进舅舅藏书的房间,偷偷地翻找舅舅的小说看。除了白天看,有时还会看到入夜。他沉浸在古典小说那些迷人的故事里。

小说看多了,肚子里的故事也就多了。粟香舅舅有两个女儿,也就是沈德鸿的表姐,都已经是大姑娘了。那时候的大姑娘,一般是不大出门的,也没有什么娱乐。她们都知道沈德鸿喜欢看小说,肚子里的故事多,所以都爱听他讲故事。沈德鸿看小说既看得懂，也记得住。他讲起《西游记》《三国演义》里的故事来，绘声绘色，娓娓动听，不但给她们沉闷的生活带来了许多乐趣，就连大人们也围拢来，听得津津有味。

实际上，善于讲故事也能提高写作文的能力。那时候，沈德鸿的作文成绩好，已在学校里出了名。他每次月考和大考后，都有奖品带回家。一次，粟香舅舅发现沈德鸿偷看了《野叟曝言》，不但没有责怪他，还暗中有些吃惊。这部小说有一百多万字，号称"天下第一奇书"。粟香舅舅见他能看这部书，不禁想到怪不得他作文好，也不禁想要考考他。他点起一枝线香，让蕴玉和沈德鸿各写一篇作文，不管长短，当线香燃尽时就得交卷。他们都在规定的时间内交了卷，但沈德鸿比表哥蕴玉写得快，也写得好。粟香舅舅看了他的作文后，才知道名不虚传。虽然蕴玉比沈德鸿大两岁，但远不及沈德鸿的作文文思开阔流畅。粟香舅舅不禁大加赞扬，还嘱咐蕴玉要好好向表弟学习。

三、课外生活

沈德鸿除了在古典小说里自由翱翔、获得乐趣外，其他的乐趣就少得可怜了。假如他的父亲没有病，情况也许

会完全不同,他或许会在父母的呵护下有一个幸福的童年,然而他童年的处境就是如此。

因为父亲的病久治不愈,服了很多药也不见效,祖母内心也为自己的儿子难受、焦虑。俗话说,病笃乱投医。人一到手足无措、无可奈何的时候,往往会做出一些荒唐甚至迷信的事来。在乌镇,乃至在江、浙一带,从古代就流传着一种迷信,祖母也是这种迷信的信奉者。她觉得自己的儿子之所以生了这样的病,又久治不愈,肯定是他冲撞得罪了什么神灵。假如不到城隍庙去许愿忏悔,以求得神灵的谅解和拯救,这个病就没救了。在旧社会,按迷信的说法,城隍是守护城镇的神灵,而且每个城镇都有一个城隍。沈德鸿的父母有新思想,自然不相信这种迷信。虽然祖母反复提出要去许愿,但是他们自己不肯去,更反对祖母去。祖母最终不顾他们的反对,自己跑到城隍庙去烧了香,献上贡品,向城隍叩头许愿,为儿子忏悔。这一来可就有沈德鸿的戏唱了。

据说,农历七月十五是城隍出会巡视他所管辖的本镇人民的日子。这一天,泥塑的城隍被人们恭恭敬敬地抬着,做绕镇一周的游行。全镇的人像过节一样,吹吹打打,热热闹闹。有的簇拥着城隍一起游行,有的则欢欢喜喜地夹道看热闹。沈德鸿那年虚龄九岁,祖母把他扮作一个小犯人,要他老老实实地跟在城隍老爷后面走,心里虔诚地代父亲向神灵忏悔,为父亲赎罪。这就是祖母向城隍许的愿。她以为这样一来,儿子的病就会好了。沈德鸿虽然能读小说,作文好,毕竟还是像其他孩子一样爱玩耍。他夹在这热闹的游行队伍中间跟着走,心里十分高兴,走了十多里路却一点儿也不觉得累。

然而,他虽扮过了犯人,代父亲赎了罪,但父亲的病却一点儿也不见好转,反倒日渐沉重。母亲也因此而日夜操劳,侍候病人,料理家务。她有时照应不过来了,就不得不让沈德鸿帮助照顾家里,做点力所能及的事。幸好学校就在他家隔壁,上下课的铃声,在家里就可以听得很清楚。待听到上课铃声响起,他再连忙赶过去上课,也还来得及。他虽然已是个小学生,为了侍候父亲,分担母亲的操劳,只有课堂、家里两头赶。有时家里离不开他,他就只好请假,不去上课。可是这样一来,课程也就给落下了。母亲怕他落下的课太多,跟不上班,就自己教他,倒也很快教完了修身课的《论语》,比学校里的进度还快些。在这种艰难的条件下,沈德鸿过早地失去了像他这个年龄的孩子应有的童年乐趣和在父母膝下撒娇的权利,不得不在生活和学习两个方面付出更多的努力。困境磨砺他,也迫使他要比其他同龄儿童成熟。

1905年初秋,父亲去世了。母亲是个情操高尚且意志坚强的人,在父亲的遗像两旁写了一副对联,发誓要遵照父亲的遗嘱,把全部心血倾注在两个儿子身上。这副对联写得实在太感人了,由此也可以看出她的情操和意志,

就让我们把它录在下面,作为天下不幸的妻子和母亲的一面镜子:

> 幼诵孔孟之言,长学声光化电,忧国忧家,斯人斯疾,奈何长才未展,死不瞑目。
>
> 良人亦即良师,十年互勉互励,雹碎春红,百身莫赎,从今誓守遗言,管教双雏。

上联写的是沈德鸿的父亲、她自己的丈夫沈永锡,且概括了他的一生。意思是说:你从小诵读的是孔子、孟子这些古代圣贤的遗言经书,成人后又学习从西方传来的声学、光学、化学和电学这一类自然科学。在清朝末年,人们习惯于用声光化电来概称西方自然科学,犹如我们现在用数理化来概称自然科学一样。你忧虑着国家的命运,忧虑着家庭的未来。可是老天不长眼,竟让你这样的人得了这样的病,使你满腹的才能不得发挥舒展,终使你死不甘心,难闭双眼。

下联写的是他们的夫妻感情和她自己的誓言。意思是说:你既是我的丈夫,又是我的良师,夫妻共处历经十年,互相扶持又互相砥砺。原以为,我们的生活就像春园美丽的鲜花,沐浴着充满生机的春光,想不到老天无情,一场疯狂的冰雹把它打得粉碎。我甘愿自己死一百次,换回你的生命,奈何天不从人愿。我对你发誓,从今以后,遵守你的遗言，管教好我们的两个儿子。你就安心地长眠吧。

这副对联所表现的意思，就像一片沃土广大而苍凉，又埋藏着坚硬的矿脉。父亲的灵堂一直陈设着，母亲的对联也一直相伴着，朝朝夕夕，日复一日，成为母子三人的座右铭。

母亲要一身同兼两任，既当母亲又当父亲，处境艰难。她要独力承担起抚养和管教两个儿子的责任，一心想把他们培养成才。沈德鸿是长子，所以母亲对他的要求和管教特别严格，看得也就特别紧。在母亲看来，"长兄为父"，哥哥要做弟弟的榜样。可是这个长兄还只是一个孩子。像这样的年龄，一般正是贪玩和爱撒娇的时候。母亲只要听到放学铃声，而沈德鸿还没回家，就一定要查问他为什么迟回家，是不是到别处玩去了。母亲是如此操劳而又紧张、严格，因此，沈德鸿也就越来越谨慎，不愿让母亲伤心。

有一次，数学老师生病了，没来上课。沈德鸿见不上课，就急于回家。可是一个年龄比他大五六岁的同学拉住他，要和他一道玩。沈德鸿不肯，这位同学仍缠着他不放。沈德鸿赶忙跑开。这位同学觉得有点失面子，纠缠着在后面追，非要沈德鸿同自己一起玩，却不料在学校大院的树旁边跌了一跤。这一跤大概跌得不轻，膝盖和手腕都跌破了皮，出了血。这位同学不由得有些恼火，不肯罢休,拖着沈德鸿到沈家告状。母亲见这位同学手腕跌破了,以为沈德鸿在学校里惹事闯了祸,就很客气地安慰了这位同学,又给了这位同学几十个铜钱,让这位同学去医治伤口。同学见气已出了,也就回去了。

可是,沈德鸿有个二姑母喜欢挑剔别人。当时她和祖母都在场,见到这个情景,好像又有了挑剔的机会似的,借机讥刺了沈德鸿的母亲几句。像这种爱挑剔的人,在日常生活中是很常见的。有些人仿佛天生就有这种脾气,常会无风三尺浪,无缘无故地说长道短,中伤别人。对这种脾气,江、浙一带就称之为爱挑剔,有时又称之为长舌妇。而且,在中国的大家庭中,很多人共居一家,人多口杂,性格各异,婆媳、姑嫂关系往往比较微妙。一个年轻守寡的媳妇要是遇上一位爱挑剔的姑子,这日子可就难过了。

沈德鸿的母亲本来就已经很难过了,她唯一的寄托就是儿子,而且对儿子的期望既高又急切。现在儿子被同学上门来告状,二姑母又在一旁阴阳怪气地讥刺她,她不由得气撞顶门,怒火中烧。可是,她是不便与二姑母争辩的,那一股怒火也就自然发在自己儿子的身上了。

母亲在大怒之下,一把将沈德鸿拖上楼,回到自己的房间,拿出一把硬木大戒尺,举起来就要打。戒尺有大有小,在家塾、私塾里一般都有戒尺。那是老师在学生犯错误时,用小戒尺来打学生手心以示责罚的。大戒尺就是一根长木条,一般只是用来吓吓人。母亲举起硬木大戒尺要打,那是真正动了火,气糊涂了。沈德鸿以前也被母亲打过,但那只是用量衣服的小竹尺打几下手心。现在,沈德鸿一看这硬木大戒尺高高举起对他打来,知道不妙,吓得掉头就跑。他冲出房门跑下楼去,一口气又跑到大街上去了。跑到楼下时,他还听见母亲追到房门边,恨声说道:"你不听管教,我就不要你这个儿子了。"这自然是一时气头上的话,中国的父母们在气头上常这么说。

然而这么一来,可就把全家大小都给惊动了。祖母一见自己的孙子跑出去了,也慌了,连忙叫沈德鸿的三叔去找。三叔在大街小巷找了半天都找不到,只好回家汇报。祖母只有干着急,心里气,却又不好埋怨沈德鸿的母亲。

沈德鸿心里又急又怕,在街上漫无目的地走了一阵。他毕竟是一个懂事的孩子,想起那位同学追赶他时,沈听蕉老师是看见了的。再说,沈老师又是他父亲的生前好友,和母亲也熟悉,可以请老师来为自己向母亲说说情,为自己作证,证明过错并不在自己,而是那位同学缠自己,追赶自己时不小心跌了跤。想到这里,他就到学校里去,向沈老师说明了情况和自己的请求。

沈老师当时确实在场,了解真情,便带着沈德鸿一同去沈家。进了沈家的院子,沈老师请他的母亲出来说话。可是母亲怒气未息,又猜准了沈老师是来说情的,就是不肯下楼。可是她也不能不给沈老师面子,就站在楼上房间的窗户边,向楼下的沈老师打招呼。

沈老师站在院子里,抬着头对她说:"这件事我是当场看见的。是那个学生要追德鸿,自己没小心绊跌了跤,擦破了皮,心里有气,才先到你面前来诬告德鸿。是那个学生不好,你可不要错怪了德鸿。我怕你不相信,所以来作个证。"接着他又说:"大嫂读书知理,哪会不晓得'孝子事亲,小杖则受,大杖则走'呢?照这样看来,德鸿暂时回避出走,还算是对了的呢。"

母亲站在楼上,听沈老师这么一说,沉默了一会儿,向沈老师说声"谢谢沈老师",就离开窗边退到屋里去了。

祖母听不懂沈老师说的那句文言,只见母亲说了句谢谢就退回去,以为她还要打沈德鸿。送走沈老师后,祖母就送沈德鸿回房中。到了房中,却见母亲坐在那里发愣。祖母就叫沈德鸿跪在母亲面前,请求母亲原谅。沈德鸿内心委屈,看见母亲那样伤心,自己心里一酸,眼泪不禁夺眶而出,哭着说:"妈妈,打吧。"母亲这时突然泪如雨下,哽咽着说:"要是你的父亲还在,不用我……"下面的话就说不去了,只是默默地把孩子拉起来。

由这件小事引起的风波停息以后,沈德鸿问母亲沈老师说的"孝子事亲,小杖则受,大杖则走"是什么意思。

原来,这是中国的一条古训。母亲对他解释说:父母没有不爱子女的,管教子女原是要他们学好。可是父母有时候也会发怒,在气头上动手打子女。要是真正体谅父母心情的子女，被父母用小棍子打几下，那就得忍着承受了。要是父母在盛怒之下被气糊涂了，用大棍子打子女，那子女就应当赶快跑开。如果子女不走，被打伤了，等到父母冷静下来时，岂不是更使父母伤心吗？这就是古人所谓"孝子事亲，小杖则受，大杖则走"的意思。

沈德鸿听了，心想，怪不得沈老师一说这话，就把母亲的怒气说下去了。

在生活中，人各有各的处境和心境，也各有各的脾气。成人如此，青少年也一样。人与人之间的相互理解并不是件容易的事，哪怕母子之间也是这样。相互理解，首先得能相互同情。相互同情需要真诚，需要互相了解，这样才能设身处地地体会别人的处境和心境，从而真正获得理解，进而感情愈深愈厚。日常生活中，我们所遇到的绝大多数是平凡的琐事。不同的处理，会导致截然不同的结果。经过这回小小的风波，母亲更加理解自己的儿子，儿子也更加理解自己的母亲。从此以后，母亲就再也没有打过沈德鸿。

为了不使母亲多操心，也为了不再惹母亲伤心，沈德鸿时时告诫自己，说话做事，与人相处，得谦虚谨慎，三思而行。久而久之，养成了他好学深思而又谨慎的性格。直到八十多岁高龄时，他还深有体会地说："幼年秉承慈训而养成之谨言慎行，至今未敢怠忽。"慈训，也就是母亲的教训。

沈德鸿的父亲去世以后，祖母怀着失去长子的悲痛，转而决意养蚕。那时候，沈家的家道已经开始衰落，祖父也不得不到别的镇上去给人打工。祖母从小生活在农村，过惯的是农村自给自足的生活。养蚕原是江、浙农村的传统产业，她是从小就看惯和熟悉的。可是沈家已几代生活于市镇，又是经商之家，没有人会养。然而祖母也需要化解悲哀，有所寄托。她养蚕的积极性很高，她带领着两个女儿置备了养蚕工具，就在家里养起蚕来。

在童年的沈德鸿眼中，这倒成了一件前所未见的新鲜事。他每天放学后，也参加进去，跟着祖母做这做那，而母亲也并不禁止。从蚕卵孵出，到蚕宝宝上山吐丝、结茧，再到收茧、卖茧，养蚕给他带来了无穷的乐趣。自然，他当时无法体会到，养蚕原是一件既细致又辛苦的劳作，可是对于他这个几乎没有什么娱乐的孩子来说，却成了一件兴味无穷的事情。这种童年的记忆，在几十年以后，助成他写出一篇著名的小说《春蚕》。

不久，祖母又开始养猪。养猪既脏又累，她的两个女儿都反对。祖母却兴致勃勃地买来刚断奶的猪仔子，精心饲养起来。泔脚水是猪的上好饲料，猪最爱吃，且在市镇上又属家家都有。淘米水、菜帮子、馊了的剩菜剩饭、涮锅水等，这些过去当作废物泼去的东西，现在混合积聚起来就成了上好的猪饲料，变废为宝了。祖母因此很开心，忙得不亦乐乎。

这又成了沈德鸿眼中的新鲜事。祖母在养猪过程中所散发的质朴和勤劳气息,感染着他。而这也正与这个家庭久已习惯的市镇生活气息构成鲜明的对比。积泔脚水、喂猪、清理猪圈,祖母干得很开心,可是她的两个女儿却皱着眉头、捂着鼻子。小猪终于长成了大肥猪,可以屠宰了。宰猪,是这个家里的一件热闹事。祖母又忙着请屠夫料理一切。屠夫来了,三个人把猪揿在木凳上。一人一手扳住猪下巴,一手紧握细长的尖刀,由喉管直捅进猪的心脏,顿时猪血喷涌。烫猪刮毛,开膛剖肚。沈德鸿紧张又兴奋,看得分外仔细又津津有味。看杀猪成了他童年最感兴趣的一件事。

读小说、养蚕和看杀猪,成为沈德鸿在不幸而气氛沉重的家庭中为自己创造的一点欢乐。假如不是由于父亲的不幸,他该拥有怎样的童年?然而童年的处境他无法选择。

四、植材高等小学的高才生

1907年,沈德鸿以优异的成绩从立志初等小学毕业。事有凑巧,那年年初,中西学堂也从乌镇郊外迁到镇上来了。

中西学堂是1902年创办的。原址设在乌镇郊外大约一二里地的孔家花园。大约是因为太平天国时期战争的缘故吧，这座孔家花园成了一个无主荒园。在清朝末年废科举办学校的热潮中，由青镇的绅士沈善保筹款，就在这座无主荒园上建起了一所乌青镇中西学堂，又租用了孔家祠堂作为校舍。那时候办学校有多种形式，小学多半由当地热心公益的知名人士出面筹款，或将原有的书院改为学校，或将家族祠堂、道观寺庙等改为学校。办学校总需要校园，为了这项教育改革，当时各地还闹出了不少矛盾。

沈德鸿在立志小学上学的时候，就已很向往这所学校。中西学堂只有中文和英文两门课，半天教中文，半天教英文。这个学校的学生都是十七八岁的小伙子。学校实行寄宿制，学生都住校。学生平时外出上街也很有规矩。他们列队而行，步伐整齐，又都穿着清一色的白色夏布长衫、白帆布鞋，看上去神气十足，很引人注目。这更叫沈德鸿他们这些初小学生十分羡慕。现在，这所中西学堂的新校址移到了镇上的奉真道院。奉真道院原是道教供奉太上老君的地方，当地人习称它为北宫。清朝政府的军队和太平天国的军队在乌镇打仗的时候，这座北宫已被战火毁坏大半。学校就在这里新盖了三排西洋式的房子，作为教学用房，又把原来的北宫修理一番作为教师和学生的宿舍。校名也由原来的乌青镇中西学堂改为乌青镇高等小学。当时，这所学校就是乌镇的最高学府，因为乌镇还没有中学。

这所乌青镇高等小学,到1911年辛亥革命推翻清朝政府建立中华民国以后,又改名为植材高等小学。从此,这个后起的名称就一直沿用了下来,以至于沈德鸿自己也一直说,他所进的学校是植材高等小学。为了行文的方便,我们也就略称它为植材高小。总之,沈德鸿从立志初等小学毕业以后,便进入他所羡慕的这所高等小学,升为高小学生了。

植材高小与中西学堂一样,仍然实行寄宿制。沈德鸿的家虽然离学校并不远,也得住校。寄宿生都和教师一同就餐,伙食参照教师的标准,费用也就比较高,每月要交四块银圆的食宿费。这笔开销对于沈德鸿的母亲来说,是比较大的。但母亲不惜每月交这么多钱供儿子在校食宿,也是想让他的营养比在家里好一点。在沈家那样的大家庭里,既有祖母当家,又有个爱挑剔的二姑母,母亲自然没有多少发言权,也作不得主。而大锅饭也日益清淡,沈德鸿又正在长身体的时候,需要营养。但这样一来,母亲也就得承受更多的来自家庭的压力了。

那时候,沈家由祖母当家,一切开支由祖母掌管。照祖母的意思,沈德鸿根本不必去上学,因为他们家的泰兴昌纸店里需要人手。孩子到了十来岁,也该学生意了。于是,祖母决定,不再让沈德鸿的四叔继续在县立小学上学了。沈德鸿的表叔卢鉴泉也是个维新派,对这种做法深表遗憾,很不赞成。他就劝说沈德鸿的祖父,希望他出面做主，让沈德鸿的四叔继续读书，不然岂不糟蹋了后辈的前途。卢鉴泉虽是晚辈，但年龄和沈德鸿的祖父差不多，而且又是镇上赫赫有名的举人。可惜祖父不大管儿女的事，说了也无用。祖母的话，在沈家是很有权威性的。她也同沈德鸿的母亲多次提起，该让沈德鸿到纸店去当学徒了。二姑母爱挑剔，说话自然更刺人。她在背后常常议论，说让沈德鸿在学校寄宿，每月花费四块银圆的伙食费，实在是浪费，太不应该。总之，沈德鸿的祖母和二姑母都在给母亲施加压力，反对沈德鸿上学。

沈德鸿的父亲果然有先见之明，在临死之前就早已料到会有这般结果，所以在他的遗嘱里有明确安排。然而父亲已经去世，遗嘱在旧中国只不过是一张纸罢了。幸亏母亲扛住来自家庭的压力，用她的"填箱"银圆为沈德鸿铺平了道路。毕竟她供沈德鸿上学的费用是她自己的，祖母和二姑母也无可奈何。否则，沈德鸿也就无法避免像他的四叔那样的遭遇。

母亲的艰难处境与她对儿子的一片苦心和期待，深深地埋藏在沈德鸿的心中，成为他刻苦学习的动力，促成他跨进了植材高小的校门。

植材高小的学制是五年，但沈德鸿刚进校就插入三年级。学校课程设置已经相当齐备，沈德鸿在这里要学习和完成修身、国文、英文、数学（代数、几何）、物理、化学、音乐、图画和体操这些课程。这些课程的设置和今天的初中课程差不多。但这所学校的前身是中西学堂，只教国文和英文。这个传统也被带入植材高小，学校实际上是以国文和英文的成绩来决定学生的升、留级。这一点与今天的小学和初中有很大的不同。沈德鸿一入校就能插入三年级，恐怕与他的国文成绩好、程度高有直接关系。这所学校特别重文的特点，加强了少年沈德鸿对文学的爱好，然而与他父亲对他的期待拉开了距离。

沈德鸿进入这所学校后，开始接触并学习英文。英文老师原是中西学堂的高才生。毕业后，他被学校保送到上海的速成学校进修了一年，然后回到植材高小教书。除了教英文外，他还兼教音乐和体操。显然，植材高小的师资不齐备，才让主课教师去兼教其他课。但英文老师选用的教材，却是一部内容相当深的英文原版教材，在当时简称纳氏文法。它原是英国人纳司非尔特编写的英文文法教材。那时候，因为还没有专门为中国学生编写的课本，老师只好选用英文原版教材。这部纳氏文法在当时的中国非常流行，从大学到高等小学都采用它。我们在上文提到的严复，在为北京大学开列的出国留学生英文考试必读书目里，就有这部纳氏文法。过去所说的文法，也就是我们今天所说的语法。沈德鸿在植材高小所学的是这套书的第一册，这就已经够难了。那个时代，大多数的新知识都得通过英文来学习，因而许多人都意识到在现代社会生活中掌握英文的重要性，并把它作为衡量一个人的新学水平的基本尺度之一。沈德鸿学习英文的积极性也很高，而且少年时代记忆力好，又住在学校里可以安心读书，正是学习英文的大好时机。初学英文自然有许多困难，但只要教师引导他越过这道门槛，就可以自学，进而突飞猛进了。也就是在这所学校的学习，为引导他进入英文之门打下了基础。

沈德鸿所在的这个班，最大的特点是国文教师有四位之多，可见学校对国文的重视。然而，教师却是新旧杂陈。他从前读私塾时的私塾先生，也就是他曾祖母的侄儿王彦臣，也转到学校来当老师，教的是《礼记》，教法还是老一套。还有两位是镇上的老秀才，一个教《左传》，一个教《孟子》。这两部书，现在的学生都是知道的。另一位老师也是中西学堂的高才生，学校曾送他到日本留学两年，然后回到植材高小教书。这是沈德鸿在植材高小时，唯一懂得点新学的国文老师。他教《周易》，又兼教物理、化学。由此，我们也可以看出，植材高小的师资并不齐备，尤其缺乏新学教师。《礼记》《左传》《孟子》《周易》都是中国先秦时代的古籍，也是中国传统文化的基本典籍。每个老师教一部，这自然也有些好处，那就是比较容易讲得透，但也有对高小学生很不利的地方，因为它与当时正兴起的新学潮流有相当大的距离。

虽然，学校也使沈德鸿接触到了西方科学的基础知识，尤其是物理学和化学的实验课使他大开眼界，但物理学和化学却是由国文老师兼课,属于不重要的课程。沈德鸿也和其他学生一样,把主要精力花在那些决定升、留级的主课上。显然,植材高小的教育不利于培养出他对自然科学的浓厚兴趣。在这种学校氛围中,他的兴趣自然要明显地向文科方向发展。

在初等小学时,沈德鸿就喜欢看书,植材高小的图书馆也有许多中外文史类藏书。这些书不但可以满足他的阅读兴趣,而且为他取得好成绩提供了优越的条件。他住在学校里,环境适宜,可以自由地遨游在书籍的海洋里,每天看书看到很晚。

有一天午饭后,沈德鸿很疲劳,不知不觉地睡着了。他自己什么都不知道,竟忽然低着头走出学校。别人以为他出去有事,也就没有过问。他径直走回家,母亲才发现他还在睡梦中。家里人都紧张起来,七嘴八舌,这可不得了,幸亏老天保佑,没出意外。母亲毕竟出身于名医之家,她知道这是"梦游",是睡眠不足造成的。她叮嘱儿子,不许再熬夜,晚上九点一定得睡觉。

学习勤奋使沈德鸿在文学和历史方面的知识、才能大为长进。

入校第二年,他升入高小四年级时,学校举行会考。人们都称这次会考是童生会考。这个说法还留有科举时代的遗迹。在科举时代制定的学历,称作功名,因为它与一个人的社会地位和能否做官有直接的关系。科举制度虽然已经废除，但这种意识变换了形式之后依然存在于人心。那时，人们纷纷传言，现在的小学毕业生就是秀才，中学毕业生就是举人，大学毕业生就是进士，可以点翰林。点翰林也就是被皇帝选到京城的翰林院里去学习，准备委以重任，当大官。这原是科举时代读书人的一个理想，也是我们在上文已经讲过的科举道路的最高一级，进士中的第一名就是状元。沈德鸿的祖父和父亲，终身只是个秀才。在植材高小教《礼记》的那位王彦臣老师，也只是个秀才。他们都相当于小学毕业生。但这个传言，在当时也有点根据。因为清朝政府规定，北京大学毕业生就算进士，成绩好的就选去给官做。而这条道路的起点，就是童生。童生是指还没有取得秀才资格的读书人，也就相当于没有毕业的小学生。在科举时代，有人考到五六十岁，也还是童生。我们由此可以知道，这次会考在当时当地是多么被人重视，竞争又是多么激烈。虽然，它实际上只是由几个高等小学联合举行的作文竞赛。

会考的作文考题是《试论富国强兵之道》。这是一道论文题，也是中国在那个时代所要解决的主要问题之一，具有很浓的时代气息。在那个时代，中国饱受西方列强的侵略凌辱，现状实在太惨了，即使在沈德鸿的家里，他的父母也经常议论这个问题。父亲临死前不久，就曾向他谈论国家大事，反复教他"大丈夫当以天下为己任"。这些留存在记忆中的情景，与这个考题不谋而合，是最能激发文思的。在考场上，沈德鸿也就按照他从父母那里接受的教育，组织、发挥成一篇论文，而主题就是他父亲要求的"大丈夫当以天下为己任"。

这篇论文在会考中获得了很高的评价，批语写道："十二岁小儿，能作此语，莫谓祖国无人也。"那意思是说，一个十二岁的小孩子，能写出这样的文章来，叫人刮目相看。谁说中国没有人才？他就是中国的一个人才。

沈德鸿的表叔卢鉴泉见他能写出这么好的论文，非常高兴。他知道沈德鸿的母亲为了让沈德鸿上学，在家里一直顶着很大的压力。于是，他就拿着沈德鸿的考卷到处宣扬，又拿给沈德鸿的祖父看，并当着祖母的面夸奖沈德鸿。母亲自然很高兴，觉得儿子为自己争了光，没有辜负她的期望。然而她也知道，卢表叔之所以如此宣扬，是为了减轻自己在家庭中所受的压力，因为沈德鸿的祖母和二姑母，一直在絮絮叨叨，要她让沈德鸿到家里的纸店当学徒。她一直都没有答应，而是坚守着沈德鸿父亲的遗嘱。

但她也不会轻易夸奖自己的儿子，以免诱发他的虚荣心。她在看了沈德鸿的这篇论文后，发现其中的见解有好些是她和丈夫的议论，便对儿子说，你的这篇文章，虽然卢表叔那么夸奖，可他哪里知道，你其实是拾人牙慧，并不是凭你自己独立获得的知识和见解写成的。卢表叔到处夸你，那是另有含义。他也希望你能继续上学，不赞成让你去纸店当学徒。

母亲的话意味深长,她是在鼓励自己的儿子,只有凭自己的力量去获取知识,形成自己的思想见解,才能真正自立自强、不断进步。她总是在沈德鸿最需要的时候保护他,鼓励他,引导他。

第四章
文学才能的凸现

一、理想和志愿——文学家

今天的中学生大概都知道，孟子是我国战国时代的一位大思想家，他特别善于用寓言故事和比喻来表述他所要讲的道理，既生动又富于说服力。我们现在的中学课本仍然选有《孟子》中的片段，例如"天时不如地利，地利不如人和"就出自《孟子》。在沈德鸿的四位国文老师中，有一位教《孟子》的周老师，他是个老秀才。周老师这天又给沈德鸿他们上课，讲《孟子·梁惠王》上篇的第三章。

这一章讲述了一个故事。梁惠王对孟子说，我在尽心竭力地治理我的国家。河内发生了灾荒时，我就把那里的灾民迁到河东，再把粮食调往河内救济那里的人民。其他地方发生了这种情况，我也是这么做的。你看，我的邻国的君主有谁像我这样用心治理国家的？可是，邻国的人民却不见减少，而我们国家的人民却没有增加。你说，这是什么原因？

其实，原因在于梁惠王好打仗，总想吞并其他国家。在这一点上，他和邻国的君主差不多。他既然好打仗，魏国的人民也就要饱受战争之苦，流离失所，大量伤亡，不能安居乐业，人数怎么会增多呢？孟子要向他指出这一点，就对他说了这么一个比喻，《孟子》写道：

> 孟子对曰："王好战，请以战喻。填然鼓之，兵刃既接，弃甲曳兵而走。或百步而后止，或五十步而后止。以五十步笑百步，则何如？"

现在我们都知道，这就是成语"五十步笑百步"的出处和来历。

周老师给学生们解释这段话的意思，孟子对梁惠王说："大王您既然好打仗，就请让我用战争来打比方吧。战鼓咚咚敲响了，士兵们都用刀刃互相格斗。战败的士兵急于逃命，扔掉盔甲，肩背相摩，仓皇急走，一个接一个就好像人形成的一条绳子，被拖着走。有的逃了百步才站住，有的逃了五十步就站住了。这逃了五十步的人就嘲笑逃了百步的人胆小。大王，您觉得怎样呢？"

周老师把这段话中"弃甲曳兵而走"中的"兵"字解释为"士兵"，所以才形成了上面的解释。

沈德鸿以前就读过《孟子》，知道这里的"兵"字不是指"士兵",而是指士兵用的武器,应当解释成刀枪这类兵器才对,"曳兵"就是扔掉武器。从而,这句话的意思应当是说,战败的士兵都扔掉盔甲,拖着兵器急忙逃跑。这样来解释,这句话才通。至于老师说"一个接一个就好像人形成的一条绳子,被拖着走",就是因为老师把"兵"字错解为"士兵",才又把"曳"字错解成这样。他觉得是老师讲错了,就向老师提出疑问,并说明自己的见解。

可是周老师多年来一直是那么理解的,他自信他的理解不错,而是沈德鸿理解错了。这样一来,局面也就僵持了。同学们也觉得是老师的解释不通,就找到校长那里去。校长一听,也知道是周老师讲错了。他夸奖了同学们学习认真,并能勇于提出自己的见解。但为了给周老师留点面子,不致损伤他在学生面前的权威性,又委婉地说:"周老师的讲解,也可能是依据了一种古本的解释吧。"这样才把这事平息了。

其实,周老师的确讲错了,沈德鸿的理解是对的。像古代汉语里的这种现象,我们现在称作借代,就是用"兵"字借代为"兵器"。语言中的这种借代现象,不仅汉语里有,英语里也有。它是语言得以丰富起来的一种方式。自然,这种方式也使语言变得复杂,需要认真对待,应通过上下文的关系,弄清其他古书中对这个词的一般用法,才能正确理解它的含义。周老师偶然出错,也是可以理解的。老师和学生之间,看起来是教与学的关系,其实还包含着互相促进、共同提高的关系。这就叫作"教学相长"。

然而由此也体现出,沈德鸿读书认真、追求确切知识的品质。他既好学深思,也能勇于提出自己的见解,并不盲目迷信老师。他的这个品质非常有利于知识的增长和独立思考能力的训练。

他在植材高小上四年级时,国文成绩就已名列学校第一,小有名气了。他有一个好朋友,叫沈志坚。沈志坚比他大一岁,却比他低一级,读三年级。他俩都是乌镇人,又同在学校住宿。两人虽不在同一年级,却同住一个寝室,同在一室温习功课。沈志坚课余喜欢书法、绘画。沈德鸿除了喜欢绘画外,还喜欢刻图章、下象棋、踢毽子,兴趣挺广。他们又都喜欢看小说。两人因而经常一起玩耍,一起学习,很谈得来。

沈德鸿他们班的四位国文老师中,有一位张老师,也就是那位到日本留过两年学,又回到植材高小教《周易》,兼教物理、化学的老师。张老师发现,沈德鸿在文学上会很有前途。一次,他抚着沈德鸿的肩膀对他说:"你将来很可能会是个了不起的文学家呢,要抓紧时间,好好用功吧。"老师发现了人才,又能有机会教育那些有前途的学生,在中国的传统文化里就叫作"得英才而教"。

张老师为发现自己学生的才能而高兴,他的话自然只是对沈德鸿的勉励。沈志坚听到张老师这么说,衷心为好朋友感到高兴,心里也益发敬重沈德鸿。沈德鸿见张老师也这样勉励自己,不由得增强了自信心,学习上更加勤奋。

沈德鸿和自己的好朋友经常谈论未来和理想。他告诉沈志坚,他将来的目标是要做一个大文豪,如果将来能写出一部伟大的小说,就算是慰藉平生志愿了。他问沈志坚意下如何。沈志坚告诉他,自己的志愿也和他一样。两人志同道合,就订为兄弟之交。从此,他们看小说的积极性和热情更高了。

自己的兴趣和老师的勉励,好朋友之间的交流和互相影响,使沈德鸿还在读高等小学的时候,就已形成了自己的人生理想和志愿。也许这个理想和志愿还有点模糊,但是大方向已经有了。他开始认识到自己的兴趣、能力和发展前途,因而也开始有了对自己的人生道路做出选择的意识。

到沈德鸿升入高小五年级上学期时,清朝政府改元。因为 1908 年光绪皇帝死了,由宣统皇帝继位,所以把过去的光绪年号改为宣统年号,这就叫作"改元"。宣统元年是 1909 年。这个宣统皇帝就是中国的末代皇帝溥仪。当时清朝政府的学部,也就是教育部,在改元以后制定了新的学制。新的学制从 1909 年 5 月开始颁布。

新学制规定,把小学分为三种,一种是五年毕业的完全科，一种是四年毕业的简易科，还有一种三年毕业的简易科。新学制还分别规定了完全科、简易科的授课时间表，以及关于考生资格、文凭查验、分门命题、考试日期等方面的制度。同时，它也对中学的学制做了新的严格规定。推行这项新学制的基本用意，是想把教育大权统一于清朝政府的学部。对于学生来说，无论你实际水平如何，要想取得毕业资格，首先得读完规定的年限。例如，你要想取得小学完全科毕业生的资格，就得读满五年。

在过去，中小学招生一般在春季，现在得改在秋季招生。沈德鸿进入植材高小，便也是春季入学。植材高小原是乌镇的最高学府，乌镇没有中学。按清朝政府学部的规定，县设小学，府设中学，省会城市和首都设大学。府，差不多相当于现在的市。乌镇周围的城市，诸如杭州、嘉兴、湖州都属府，设有中学。沈德鸿要想上中学，就得到这些城市去报考。这些城市的中学也都是秋季招生。高小毕业的时间理应和中学招生的时间相衔接。这样一来，沈德鸿他们也就面临着能否提前半年毕业的问题了。

学制与学校，与学生有切身利益的关系。这既是国家大事，也是与个人息息相关的事。新学制颁布后，引起了许多有维新思想的人的不满。在植材高小，老师和学生也都议论纷纷，有不满情绪，甚至反对这个新学制。植材高小考虑到学生的切身利益，让毕业班的学生以作文的形式对此各抒己见。这篇作文没有题目，而是提出一个问题，

让学生针对这个问题来发表自己的见解。老师的问题是这么提的:

> 学部定章,学生毕业以学期为限。诸生肄业本校,有学期已满而学力未足,有学期未足而学力尚优。若举办毕业,则学力亏者恐少根柢,而学期缺者又恐遭批驳,于诸生学问、功名均有所关。宜如何办理尽善?诸生于切己之事谋虑必周,不妨直陈意见,以定办理之方针。

这个问题提得很有意思。意思是说,按照学部新颁布的规章制度,学生得读满规定的学期数才能毕业。这是学部的规定,但学生的实际情况怎样呢?各位学生在本校读书,有些学生所读的学期数,虽然已经达到毕业年限,可是实际的文化程度,也就是学力,却还不够;有些学生所读的学期数虽然未满,但是实际的文化程度已达到甚至超过毕业生的要求。本校学生的实际情况就是如此。假如学校按照学部新颁布的规章制度来决定学生能否毕业,那么,虽达到毕业年限,但学力差的同学实际的文化程度不够;未达到毕业年限,但学力优越的同学,老师虽有心让他毕业,可是又恐怕遭到上级驳回。这件事与各位学生的学问和功名前途都有关系,应当怎么办才合理?各位学生,你们对自己的切身利益一定考虑得很周到,可以直截了当地发表自己的意见，好让学校确定办理方针。

问题的产生和提出，以及提出的方式，内含着人们的知识、见解和思想方法。清朝政府学部制定新的章程，本来是要大家照着办。即使允许讨论，那也应在章程制定之前。在章程颁布之后，除非反对的人多，否则它不会考虑修改。老师提出这个问题，已显示出这位老师有些民主意识。他对学部颁布的章程不是盲目服从，而是要分析考虑一下，它究竟合理不合理。显然，他至少觉得这个章程有些不合理。它的不合理之处在哪里呢？老师对这个问题的认识程度，决定了他提出问题的方式。因而在问题中，老师就摆出一对矛盾：学生的毕业年限和实际文化程度之间的矛盾。举凡上过学的人都知道，这对矛盾确实存在。哪怕同一个班的同学，有时实际文化程度会相差很大。这不仅过去存在，现在也还存在。如果沈德鸿的这位老师一味按学部章程办理，那他很好办，只要学生读完规定的学期数就行。可是他摆出这对矛盾来，让他的学生认清这是一对矛盾，也让他的学生弄清楚自己的切身利益。同时这也表明，这位老师要鼓励和唤起学生的自主、自我意识，他要对学生的切身利益负责，他更重视学生的实际文化程度。

老师，既可能成为引导学生穿越那黑暗丛林的火炬，把他们引向光明，也可能由于他自己的过失，而给学生的一生埋下无穷隐患。就像有一位好母亲是我们一生的幸运一样，遇到一位好老师也是我们一生的幸运。沈德鸿在他的少年时代虽然遭遇了许多不幸，但是拥有了这两种幸运。

沈德鸿也发表了自己的见解。他的老师还在他的这篇文章上加了一些批语。当时他只有十三岁。他究竟是怎么写的？我想，今天的青少年很有必要看一看它的原貌，不妨把文章原文和老师的批语抄录在下面，然后再来做些解释。

　　学堂本所以储养人才者也，则是，学力已足之学生，均可毕业无疑矣。

　　学力足而即可毕业，则人人皆有鼓励之心，而人才自是愈多矣。然学部定章，唯学期是察，而学力不论，则劣者居上，而优者受屈，此岂鼓励之理哉！且人情莫不畏难而就易。今既计学期，则奋者以沮，勤者以惰，虚靡岁月，以俟学期，其可以为求学耶？

　　余故曰：唯计学期，则恐蹈虚而不实，未可以为善策也。

　　生在堂三载，论其学期本未满足，而自揣学力，尚可足数。未知能许于毕业之列？否之，则生势难久俟，以旷废光阴，恐有负诸先生之厚望矣。

　　生言尽于此，唯诸先生鉴之。

　　（批：生于同班年最幼，而学能深造，前程远大，未可限量。急思升学，冀着祖鞭，实属有志。）

短短二百余字，已写得酣畅淋漓，意思圆满。它充分表达出沈德鸿对这个问题的见解。

国家办学校的目的，本来就是为培养和储备人才。在当时，这样的话也是清朝政府常说的。那么，按照这个原则，自然应以学生的实际文化程度作为衡量学生能否毕业的标准。因而学力已经足够的学生，自然应当可以毕业，这是无可怀疑的。

文章一开头就以众所周知的原则，很自然地引出一个合乎逻辑的新结论作为自己的论点，显得相当简洁而有力。然后，文章着眼于实际情况，从正反两面说明两种对立的原则会导致的不同结果。以实际学力作为能否毕业的标准，能鼓励学生勤奋学习，达到多出人才的目标。而唯以学期年限作为能否毕业的标准，却不论学力，就会损伤学生的学习积极性，无形中鼓励学生消磨时间，使他们认为反正到了规定时间就可以混到文凭。这哪里是鼓励学生勤奋学习，而是使勤奋学习的学生受委屈，会导致"劣者居上"，"优者受屈"。学部的新章程因而不是好办法，不能照着办。这就把学部的章程作为敌论来驳倒了。

学部的新章程毕竟是政府规定的制度，你就是能在理论上把它驳倒，也未必能在事实上把它推翻。所以，除了要在理论上和事实上认清它之外，还得有自己的选择。沈德鸿显然已经很会考虑问题，在文章的结尾，他就依据自己的见解，来说明自己的选择了。而他的选择，也顺理成章，理由充分，委婉而又坚定。他说：学生我在本校读书已有三年，如果论学期，那我还没有达到毕业年限。如果论学力，那我自己衡量一下，是已经达到毕业生的程度了。现在不知道各位老师是否允许把我放在毕业生之列，如果不把我放在毕业生之列，那我势必难以在学校里再等到规定的毕业年限。因为再等下去的话，对我来说，就是浪费时间，而且也辜负了各位老师对我的厚望。这就是我的意见，还望各位老师明察。

他的老师不仅给这篇文章，而且给沈德鸿本人下了一个评价很高的批语。老师说：沈德鸿这个学生，在班级里年龄最小，但他在学问上是能深造的，前途无量。他现在急切地想要毕业升学，实在是很有大志的表现。

老师的这个批语一点儿也不夸张，也毫无借题发挥的意味，因为在植材高小，老师们对沈德鸿的评价一贯如此。那位张老师说，沈德鸿将来很可能成为了不起的文学家，固然属于口头的期望和夸奖，但在沈德鸿其他作文的评语里，也有类似的话。老师曾对沈德鸿的一篇题为《宋太祖杯酒释兵权论》的史论作文这样批道：

> 好笔力，好见地。读史有眼，立论有识，小子可造。其竭力用功，勉成大器。

这个批语和上面的意思是一致的。好笔力，是指文章写得好。好见地，是指文章所含的见解好。读史有眼，是说沈德鸿对历史有自己的洞察力和独立见解。立论有识，是说沈德鸿的论点有见识，看得深。小子可造，是说沈德鸿是一个可以造就的人才。既然如此，他只要努力用功，就能成为大才。

果然，沈德鸿在植材高小实际只读了两年半的时间，就在 1909 年夏季以优异的成绩毕业了。

二、植材高等小学时代的《文课》

像所有的小学生一样，沈德鸿也是在识字、读书、做作业中度过了他的小学时代。小学时代培养了他认真、勤奋和好学深思的学习习惯，也为他的未来积累了相当重要的文化素养。他在植材高小读了两年半书，当时的两册《文课》现在还奇迹般保存着。这是一份非常珍贵的资料。它忠实地体现了一代文学巨匠在小学时代所形成的文化素养。

假如我们在小学毕业许多年以后，还有机会回头看到自己小学时代的作业，特别是作文、日记，那一定会产生许多感想，甚至耐人寻味的发现。凡是能唤起我们回忆的东西，那一定会成为我们的精神资源。因为我们今天之所以如此，其实就是从那时开始的。那里埋藏着我们过去的

努力和梦想，记载了我们成长的一段历程，也预示了我们的未来。

这两册《文课》，就是沈德鸿在植材高小的国文作业，和我们今天的语文课要完成的作业一样。只不过我们今天的中小学，是把语文作业和作文分开的，沈德鸿他们那时候却不分开。《文课》中也有解词、回答问题等一类作业，但绝大多数是作文。我们也由此知道，他在植材高小所受的作文训练，以及完成的作文数量，要比今天的中小学生相对多些。

写作能力，或者说文学才能，在今天，常被人误会是一种写文章的技巧，或者动辄有人说，某某有"文学天才"，某某没有"文学细胞"。但实际上，文学才能也是一种后天的能力。话不学，就不会讲；字不学，就不认识。文学才能也是学而后成的。

这种文学才能，其实取决于一个人的知识水平、思想观念和表达能力。写作确实是有技巧的，这就好比讲故事，如果肚里没有故事，也就没有讲故事的技巧。其实人人都有故事。有了故事，如果不能发现故事的意义，或者对这个意义缺乏自己的见解，这故事肯定讲不好。所以要紧的是丰富我们的知识，充盈我们的思想，学会观察和思考。在这一基础之上，如何把它们融会贯通，适当又充分地表述出来，这才是技巧。

自然，要直接了解这一点，最简便的办法莫过于直接阅读他的《文课》。现在，我们就从《文课》中，按不同的视角选择一些作文。这些作文既是他生活的组成部分，也体现了他在小学时代所形成的文化素养。

但是这些作文都是用文言文写成的，看惯了白话文的青少年，读起来可能会有些困难，所以得做些解释和说明。文章中还包含了他的老师的评语。评语又叫作批语。批语有的是针对某些段落或句子，有的则是对全文的总评。总评一般放在文章的末尾。我们也将它保留，一起放在括号里。通过这些批语，我们可以看出老师对他的文章的看法，从而也可以看出那时候老师教学的一点线索。

现在就让我们进入沈德鸿的文章里去。

学堂卫生策

悲夫哀哉！浮生若梦，彭、殇一致。当气血强健之时，固一龙拿虎跳之英雄也。及气血衰弱，则转化而为一鬈发鲐背，伛偻龙钟之老年人矣！再几度秋，而作夜台长眠人矣！回顾前事，已为陈迹。且天理不可推，人寿不可知，今日在活泼之世界，而明日长睡漫漫，亦有也，岂以必至百岁哉！（批：豪则豪矣，少年人不宜有此悲凉语。）故古人有言：生死有命，人岂能挽？岂不以死之不自知，故曰天命乎！

然余以为未必然。何则？人若终生无疾，待气血即衰弱，而后病，而后死，则其寿也必矣。若燥湿攻于外，忧劳积于内，加以终日兀坐，不游戏以活肢体，不淘情以散忧愤，如是不病者，吾未之闻也。如是而不夭，吾亦未之闻。由是而观，生死岂其命哉？在人之善于卫护耳。

吾国卫生一学，本无人问津。以至市肆之中秽物狼藉，大街之旁坑厕林立，甚者市河之内死畜弃焉，自毙之禽人或食焉。呜呼！不洁如此，安求其寿哉？

然此智识未开之地本不足道。至于学堂，乃文明之地，岂任其溲瓮乱置，食水混浊，寝室秽污哉？况学生众多，空气易浊，食恶而气浊，必有遘疾者，互相传染，患无已时。若如是，其卫生之学何在乎？爰举数条，为今日之为学堂监督者告焉。

一、屏除害身之毒物。凡鱼肉之腐败者，其中所含微生虫极多，皆不得食之以自戕，且宜埋于土中，不可弃置水内。盖其微生虫含于水内，人或吸之，必致疾役。此最宜慎者也。

二、食物必度适口，毋求肥美。且夏令鱼肉易溃，既溃，含有害杀人细菌，故不如蔬果之佳。（批：夏日服蔬食最是卫生之道。）且汲水不可在人烟辐辏繁热之处。因既为通河，则水必浊，故须于幽静之溪涧汲之也。

三、窗户宜多，以通空气。溲瓮坑厕宜设于幽静冷僻之处。且阴沟等处宜时时撒木炭，洒消毒药水，以收臭气。寝室亦必时时洒扫。衣服被褥之物，宜常晒以日光，以灭细菌。（批：包含无数条目。）

四、宜多设皮球游戏之物，以冀运动，不至兀兀危坐，致精力不能活泼，有伤身体。

观上数则，实力行之，则去卫生一学，殆不远矣。呜呼！使吾国之人，人人知卫生，则二十二行省何至疾病传染，夭亡短折哉！吾愿学界中人其三致意焉。

（总批：卫生学似曾窥过，所举数策确是学堂至要至紧。）

举凡命题作文，都得审题。《学堂卫生策》的"策"，是办法、对策的意思。这个题目，所要写的就是如何搞好或改善学校卫生。如果能写出几条办法来，就算对题了。作文首先得对题，茅盾说过，他写小说，还像在学校里写作文一样，扣住了题目写。事实上，无论什么文章，也无论什么文学作品，都得扣住主题来写，否则会显得散乱无章。题目往往是对主题最为简洁的概括，只不过命题和自己选题有性质的不同而已。

学生在学校读书，对学校的卫生状况都是很了解的。写自己所熟悉的对象，并对此发表见解，原是一种最基本

的写作训练。但尽管如此,观察、感触、思考和见解却有高低、深浅、宽狭之分。沈德鸿的这篇作文,用今天的语言来表述,意思大致是这样的:

> 人生真令人悲哀啊。人的一生总是那么浮游不定,好像一场梦,即使像彭祖那般长寿,能活到八百岁,其实和短命夭亡也没有什么两样,终归一死。当我们身强体壮的时候,犹如龙腾活跃的英雄;到了身体衰弱时,就变得头发鬈曲,弯腰驼背犹如鲐鱼的龙钟老人。再过几年,也就长眠在坟墓里了。这时回顾往事,一切都犹如过眼烟云。而且,天理本无法推知,人的寿命也无法预知,今天还生活在活泼泼的世界上,可是明天却突然死去,连这样意外的事也会发生,人哪能都活到百岁呢。所以古人说,生死是由命运安排的,人有什么办法呢。难道不是因为人连自己的死都无法预知,才说有天命存在的吗。
>
> 但我想,这样来看待人生未必正确。为什么这么说呢?人假如一生都不害病的话,待到身体自然地衰老,然后才生病死去,那么这个人一定已经活得很长,年纪很大了。假如或燥或湿或冷或热的天气从外部侵蚀我们的身体,我们又终日劳累忧虑,总是坐着,不通过游戏来活动身体,不通过娱乐来消愁解闷,不生病、短命才怪呢。由此看来,人的生死难道

是由命运决定的吗？显然不是，而是在于自己是不是善于保养自己的身体。

在我们国家，对卫生的学问一向无人问津。以至于商店中秽物满地，肮脏不堪；大街两旁，茅坑林立，臭气熏天。有些人甚至还把死畜扔进市河，死了的家禽也有人吃。这样不讲卫生，哪能长寿呢！

但这些都是无知识、不开化的地方，不必去讲了。可是，像学校这种文明的地方，竟也是尿盆乱放，饮水混浊，寝室里污秽不堪，真叫人难以忍受。更何况，学生人数众多，聚在一起，空气极易污浊。饮食恶劣又空气污浊，人就必然容易得病。得了病又互相传染，祸患不止。在这种情况下，哪里还有什么卫生科学可言呢。现在，且让我暂且提出几个改善卫生的办法来，请校长考虑吧。

接下来，他提出了四条改善学校卫生的措施。这四条措施有一个共同的依据，那就是老师在总评里所说的"卫生学"，也就是现在我们人人都知道的卫生常识。但在植材高小里，没有"卫生学"这门课。卫生知识那时还是一种新知识，没有普及为常识。以至在乌镇，甚至植材高小里，人们的生活习惯和生活环境都很不卫生。这四条措施都是针对他所不满的状况而发的，他希望改变这种状况，使"人人知卫生"，身体健康，就不会因不卫生而发生

"夭亡短折"的惨事了。

二十多年以后，沈德鸿成了大作家茅盾。茅盾在一篇题为《大旱》的散文里，又一次描写他的故乡乌镇，其中有一段便这样写道：

> 清早你靠在窗上眺望，你看见对面人家在河里洗菜洗衣服，也有人在那里刮鱼，鱼的鳞甲和肠子在水面上慢慢地漂流，但是这边，——就在你窗口下，却有人在河水里刷马桶，再远几间门面，有人倒垃圾，也有人挑水，——挑回去也吃也用。要是你第一回看见了这种种，也许你胸口会觉得不舒服，然而这镇里的人永远不会跟你一样。河水是"活"的，它慢慢地不出声地流着；即使洗菜洗衣服的地方会泛出一层灰色，刷马桶的地方会浮着许多嫩黄色的泡沫，然而那庄严的静穆的河水慢慢地流着流着，不多一会儿就还你个茶色的本来面目。
>
> 所以，亲爱的读者，第三项要请你记住的，这镇里的河是人们的交通要道，又是饮料的来源，又是垃圾桶。

从小学时代的沈德鸿，到成为大作家的茅盾，一直对故乡不讲卫生的习惯和现象印象深刻，非常不满。虽然前者用文言文，后者用白话文，但所描写的现象和所包含的不满，却完全一致。

现象可以由观察获得，但现象的意义需要具备一定的知识和思考能力才能发现。否则，沈德鸿也就会和大多数乌镇人一样，对这些不卫生现象习以为常，熟视无睹了。

他之所以不满，是由于他所获得的"卫生学"知识。他依据"卫生学"知识，来观察和思考他所处的环境。他的思考体现在《学堂卫生策》里，核心就是这样一个很简单，也很清晰的逻辑：不讲卫生会导致感染病菌，感染病菌会引起疾病，疾病会导致不正常死亡。因而，不正常死亡的原因不是由于什么"命运"，而是由于人们对"卫生学"的无知，以及不讲卫生的生活习惯和不清洁的生活环境。那种"死生有命"的观念因而是错误的。以这种错误观念支持的人生观，会导致听天由命的消极的人生态度。这种消极的人生态度会使人们不去实事求是地寻找不正常死亡的真正原因，也不会改变不清洁的环境和不讲卫生的生活习惯，而是把它归咎于虚假的"天命"。这就是愚昧、不开化的原因。这种逻辑就是通过思考得出的。

"卫生学"知识，还赋予他一种积极的，与听天由命的消极人生观相反的人生观。因为不清洁的环境是由那些不讲卫生的人造成的，所以要想改善环境卫生，首先得改变人的思想观念。也就是抛弃那种听天由命的人生观，学习并按照"卫生学"的科学知识，来改变不讲卫生的生活习惯和不清洁的生活环境。这是可以通过人自己的学习和实际努力实现的。这样的人生观，就是一种凭借自身的力量改造和提高自己，从而改造世界的自立自强的人生观。这种人生观不是屈服于逆境，而是要通过改造环境，开辟新的生路。

他的这篇《学堂卫生策》，实际上就是依据他的知识和人生观，对这个清晰的思考过程的展开和论述。

所以，他就不局限于仅仅提出几条改善学校卫生的措施，而是有更高的立足点、更开阔的视野和更深的见解，把已有的知识和思想充分且适当地表述出来，从而构成这样一种组织和安排。

他首先从社会上流行着的"死生有命"的观念和听天由命的消极人生观入手，来描述和揭示乌镇居民心理、行为的根源。谁不想健康长寿呢？可是意外死亡的事却经常发生。面对这种现象，人们束手无策，只好把它归咎为"天命"，以为人的生老病死都是由"天命"在冥冥中决定的，而"天命"又无法预知，只好听天由命。

当理想和现实发生冲突，理想不能实现的时候，人们往往会对他们面对的现实做出各种解释。"死生有命"的观念，就是人们对生老病死现象束手无策时的一种解释。这种解释在中国起源很早，"死生有命"的观念可见之于《论语》。孔子是中国的圣人，《论语》流传极广，读书人都得学习它。"死生有命"的观念也就支配了很多人的头脑。沈德鸿在立志小学的修身课教材就是《论语》。他当然知道这种观念。当他把书本上获得的知识和日常生活中观察到的现象结合起来，并用自己的知识加以描述、分析和揭示，他的写作方法就形成了。

但是，沈德鸿并不因为"死生有命"的观念出自《论语》而盲目信奉，也不因为它是一种普遍观念而盲目从众。相反，他认为正因为如此，才显得问题严重。所以他在描述和揭示了这种流行观念后，笔锋一转，指出它是错误的观念。为什么呢？因为人的不正常死亡是疾病导致的，不讲卫生就会导致疾病。不讲卫生，就会把到处都搞得肮脏不堪。不仅如此，我们整个国家都不关心卫生学。这些都是无知、不开化的表现。对这些无知愚昧的人和地方，不去说它了。学校是传授知识的文明的地方，总该讲卫生了吧？可是仍然和那些不开化的人、不开化的地方一样，也不讲卫生，真是太不应该了。所以他要提出四条措施来，认为只要按这些措施去做，就可以改善学校的卫生状况。人人讲卫生，大家也就会身体健康。

人的命运不是由"天命"决定的，而是由人自己决定的。只要按照科学知识来指导人生观，来改善环境，人就可以掌握自己的命运。

这就是他对自己的思考过程的表述，也是他的写作方法，或者说写作技巧。而且，这也是作文的最重要、最基本的方法。也就是说，写作能力和作文水平的高低，首先取决于作者的知识和思想水平的高低。这也是人们经过学习和努力都可以做得到的。无论是学生的作文，还是作家的创作，写作者的文化素养怎样，就决定他的作品会怎样。

沈德鸿的这些知识也是学习来的。虽然学校没有开设"卫生学"，但正如老师的批语所说"卫生学似曾窥过"，那么他是如何了解到这些知识的呢？是从课外阅读中获得的。腐败的鱼肉"所含微生虫极多"，含有"细菌"，吃这些腐败的鱼肉，就等于"自戕"，也就是自己害自己，是自杀。这些"细菌"在水里也会繁殖，喝了这样不洁的水，就会感染疾病，等等。在我国的古代汉语里，本没有"微生虫""消毒药水""细菌"这些词。这些词都是清朝末年从外文翻译引进的。由此可以知道，这些知识一定是他从翻译过来的书上看来的。而且，在现实生活中，他知道，父亲是因结核菌感染得了"骨痨"而死的。"死生有命"的观念就写在他读过的《论语》里。乌镇和植材高小不讲卫生的生活习惯和现象，更是他的日常所见。

写作自然还需要相当的词汇量。沈德鸿的这篇文章，用词准确，语言流畅，也就是说他能够熟练地使用文言了。无论是使用文言，还是使用白话，要想词汇丰富，语言流畅，除了多读书勤学习以外，没有第二个办法。我们已反复讲过，沈德鸿好学深思、爱读书。这本身就是知识增长的重要方法之一，而词汇量又总是随着知识的增长而增长的。

老师针对第一段中就写到的生和死的问题，批语说："少年人不宜有此悲凉语。"这是指沈德鸿的作文中写到这类问题，和他只有十三岁这样的年龄不相称。

但这对于沈德鸿而言，并不奇怪。在生活中，他经历过一般青少年很少遭遇到的不幸。他在开始懂事的时候，就不得不照料瘫痪的父亲，理解并分担母亲的痛苦和艰难。这使他过早地感觉到"死"是多么严重的人生问题。他对他的母亲有多么依恋和热爱，他对失去父亲的痛苦就有多么深。因为他每天都会看到别的孩子有健康的父亲，而他每天在家里看见的却是父亲的遗像，母亲的孤独和艰难。但是，他从中汲取的不是悲观失望，而是积极的人生态度，即自立自强，自己掌握自己的命运。他不相信"天命"，他在作文中把卫生与天命联系起来思考，也有他曾亲身感受的原因。

总之，这一切都是通过读书和观察而获得的，是学习的成果。而学习对于头脑的滋养，正如饮食对于身体的滋养，真正得益的是吃的人。谁也不能代替我们吃饱肚子。学习是个人主动索取的过程，谁也代替不了，却又人人都能学会。这就是我们为什么特别强调沈德鸿少年时代就好学深思、爱读书的缘故。

沈德鸿这篇作文依据和运用了他所学的知识，并且把自己的观点充分而适当地表述出来。未能掌握这种方法，无论年龄多大也写不出来。懂得这些方法，并且学会依据自己已经懂得的知识来思考问题，即使像沈德鸿这样小小的年纪，也能写得出来。如此多次练习又好学深思，知识也就越用越活，"文思开展"了。

翌日月蚀文武官员例行救护说

我国以神道设教，故素隐探幽，直与儒教并重，亡家破产，不加悔悟，虽解肢胬割，愿为供养。伤风败俗，莫甚于此。

然小民无知，易惑难晓。世主身居万乘之尊，擅天聪之哲，宜知宣圣"攻乎异端"之戒，将晓谕愚冥，辟斥之，驱逐之，奈何反因而然之耶？然则世主之惑鬼神何在？曰：救护月蚀等是也。

然昔日每误天圆地方，宜其不悟。今则天文学兴，始知月蚀乃地掩月所致，将谓救护之邪说可辟，而愚民之疑团可涤，孰谓仍沿袭弊习欤？翌日月蚀，文武官员循例救护。呜呼！何况坠鬼域耶！

考月球绕地，地又绕日，月本无光，藉日光以反照。望日，地恒在日月之间，或上或下，有时三球适成直线，月为地掩而光没，是为月蚀（批：物理甚明），岂鸣炮所能警其蚀哉？设赖鸣炮以警其蚀，则外人不施救护，则日月遂没耶。此中国之所以为外人揶揄矣！

悲夫！民智不开，良有以也。为民上者，宜痛除之，庶几神道绝，迷信破，民智始开。吾闻欲熄火势，亟抽其薪，为民上者其加意焉！

（批：笔亦开拓，文气疏畅。）

在我国的古代，有一种流行看法，认为天是圆的，地是方的，天悬在空中之所以不掉下来，是由于大地的四个角上有天柱撑着。这就是所谓天圆地方说。还有一种流行看法，认为月食是由于天狗在吞月亮。一旦发生这种现象，人们应当赶快敲锣鸣炮，把天狗吓走，才能把月亮救下来，否则月亮就会被天狗吞下去了。所以，每当发生月食现象时，民间的老百姓不但习惯于这么做，封建政府还要组织各地的文武官员例行如此。这当然是一种迷信。可是，这种迷信在那时却很流行。

翌日，也就是明天，将要发生月食。清朝政府已通知各地文武官员救月亮。这篇作文的题目，就是针对这个现象而出的，要求对清朝政府的文武官员明日将要按照惯例救月亮这件事发表评论。

沈德鸿这篇作文的意思是这样的：

> 我国一向用鬼神迷信的方法来教育人民，所以人民总是沉溺在鬼神迷信之中，疑神疑鬼。这种神道设教的方法，又一直与儒教并重，使人们信以为真，以至人们家破人亡也不悔悟，甚至心甘情愿地肢解自己

的身体，把自己身上的肉割下来供奉鬼神。要说伤风败俗的事，没有比这更严重的了。

老百姓无知无识，不明真相，极易被迷惑，这倒也罢了。皇帝高高在上，无比尊贵，一向被看成是最聪明的。那他就应当知道孔子所讲的"应当攻击异端邪说"的意思了，应当告诫那些愚昧迷信的人，来排斥驱逐鬼神了。但事实恰恰相反，皇帝也迷信鬼神。皇帝迷信鬼神，表现在哪里呢？就表现在他要救护月亮这些事上。

过去，中国人都误以为天是圆的，地是方的。在这种愚昧的情况下，人们当然不会知道月食的真正原因，而陷入迷信之中了。但是，现在天文学已经盛行，人们已经知道月食形成的原因。在这种条件下，救月亮这种迷信邪说总可以破除，老百姓的疑虑也可以荡涤了吧，谁还会沿袭过去的陋习呢？然而，出人意料，明天将要发生月食，文武官员还是照样要救月亮。连月亮也还是要救，哪里还谈得上破除鬼神迷信呢！

其实，月球围绕地球旋转，地球又围绕太阳旋转，月球自身不发光，只是由于阳光照射到月球上，月球又反射出光来，我们才觉得月球发亮。每到农历十五日那天，中国人都称之为"望日"时，地球总是处在太阳和月球之间，或者高些或者低些。有时，太阳、地球、月球三球恰巧处于一条直线上,地球就遮住了阳光,阳光既然照不到月球上,月球上也就没有光了,这样就形成了月食的现象。既然如此,这难道是鸣炮能阻止的吗?假如鸣炮能够阻止月食,而外国人又是根本不救护月亮的,那么太阳、月亮就应该早已没有了。中国人一个劲鸣炮又有什么用呢?这种愚昧的行为,正是外国人揶揄嘲笑我们的一个原因啊。

想起来真叫人觉得可悲,人民愚昧落后,本是有许多原因的。那些高高在上的人,本应当自己先破除迷信,这样人民才会不信鬼神。只有破除迷信,人民的智慧才能开化。我听说,如要灭火,就得把柴火抽去,那些高高在上的人,你们可得注意呢。

像《翌日月蚀文武官员例行救护说》这样的文章,原属时事评论。评论一般的民风或者普通人的行为,没有什么危险。可是,沈德鸿的老师让学生们对清朝政府的文武官员的行为加以评论,表明他不但对文武官员的这种行为已经非常愤慨,而且要启发他的学生们关心国家的命运和现状,不必对文武官员毕恭毕敬,而是要认清这种现象的实质,找出它背后的原因,勇于发表自己的见解。从这里也可以看出,植材高小到底是一所新式学校,沈德鸿的老师有"维新"思想,更有科学和民主意识。这对沈德鸿的成长有重要意义。

老师的批语说，沈德鸿的这篇作文"笔亦开拓"。用我们今天的话来讲，就是即小见大。从一件具体的事实，深入而广泛地开掘出它的意义，这也是一种很重要的写作方法。鲁迅先生在谈到写作方法时，也曾说过，"选材要严，开掘要深"，就是在这个意义上说的。但是，要想开掘得深，就需要渊博的知识和对现象的分析能力。只有分析得深入透彻，才能开掘得深。

文武官员明天将要按惯例敲锣鸣炮救护月亮了。用天文学的科学知识来对照，这种行为太愚昧荒唐了。这是第一层开掘，也是运用天文学知识就可以分析出来的。

然而，这件事如果发生在过去，还不懂发生月食的天文学原因，还以为"天圆地方"，根本不知道月亮、地球、太阳都是宇宙中的星球时，倒也情有可原。可是在天文学已经盛行的当时，还要用老一套的"神道设教"的迷信方法来统治中国，这有什么意义呢？这表明，一向被人们以为最英明圣哲的皇帝和他的文武官员，其实并不英明圣哲，而是也沉溺在愚昧迷信中。这是第二层开掘，也是用天文学的知识揭开所谓皇帝英明圣哲的神圣面纱，从而使皇帝以及他的文武官员的权威性在科学面前一扫而空。自然，在沈德鸿的眼中，皇帝和文武官员不但无权威性可言，而且根本不可信。

"神道设教"已经使中国人民陷入迷狂的愚昧迷信之中，受尽祸害而不能自拔，这是一种最为"伤风败俗"的事。现在，皇帝和他的文武官员还要搞救护月亮的迷信活动，这不是仍然在做最为"伤风败俗"的事吗？这是第三层开掘，是从社会和政治的层面揭示皇帝和他的文武官员就是最为"伤风败俗"的愚昧迷信的操纵者和制造者，是愚昧迷信的社会和政治根源。

这一切会造成什么结果呢？人民之所以那么愚昧迷信，就是皇帝和他的文武官员用"神道设教"的办法"教"成的。尽管现在科学已经兴起，但是皇帝和他的文武官员仍然用"神道设教"那一套统治和愚弄人民，使人民永远沉溺在愚昧迷信之中，不能接受新的科学知识，智慧不得开化。人民的智慧不开化，社会就不会进步，国家就不会富强。中国这样愚昧落后，又停滞不前，在国际上怎么会有地位呢？这就是外国人嘲笑揶揄、欺侮侵略中国的原因。这是第四层开掘，从历史和现实、文化和社会、中国和世界的关系来揭示皇帝和他的文武官员的迷信活动造成的可悲结果。而且，此时中国正在被外国侵略者蹂躏，河山破碎，人民受难。

那么，谁应该对这一切负责呢？当然得由造成这种结果的人负责。不用明说，就是皇帝和他的文武官员。社会要进步，国家要富强，都依赖于"民智"的开化。这个"民智"开化的问题不解决，国家怎么进步，又怎么富强呢？又怎么能反抗外国侵略者或与那些强国竞争呢？中国如果不主动地进行全面改革，"民智"又怎么开化呢？天文学已经盛行，可是皇帝和他的文武官员仍然要搞救护月亮这种"神道设教"的迷信活动，这不是发人深省的现象吗？要想从根本上解决问题，就得像釜底抽薪一样，从根源上加以解决。而根源就在皇帝和他的文武官员。这是第五层开掘，也是合乎事理、合乎逻辑地揭示问题的根源、症结所在。

如何解决呢？既然从根本上解决问题得釜底抽薪，而皇帝和他的文武官员就是要被抽的"薪"，至于如何"抽"，沈德鸿在文章的末尾没有明确地说，只是说"为民上者其加意焉"。也就是说，你们可得注意呢。这就是所谓含蓄，不用明说，但意思已由全文层层开掘的逻辑明摆着了。这是第六层开掘，也是一个含蓄的结论。

我们上文已经特别介绍过严复引进和翻译的进化论，以及科学和民主的思想，并说过这些思想在中国近代的知识界非常流行。总起来讲，这些思想就是启蒙思想。它有一个基本思路，从个人、民族到国家，都处于竞争之中，适者生存，优胜劣败。中国如果不能自立自强、不断进步达到文明富强，那么，优胜劣败，就有亡国灭种的危险。而中国要想达到文明富强，关键就在于"民智"的开化，使人人懂得和运用科学知识。只有懂得和运用科学知识，人人才能自立自强，全面发展。要想做到这一点，必须在文化上和政治制度上实行科学和民主，扫除一切损害"民智"的旧道德、旧风俗、旧制度，反对封建和迷信。严复是启蒙思想家,虽然他没有提出具体措施,但是他提出的思想和思路启发了一代又一代中国先进的知识分子。

依据可靠坚实的科学知识来观察和思考一切现象,就是从现象开始,不断追问这种现象形成的原因,层层开掘,直到求得最后的答案,从而使人的头脑具有发现问题、分析问题和解决问题的逻辑性。富于逻辑性的思考于是具有知识的力量和逻辑的力量。这就像解数学或物理学的题目一样,从一个科学原理出发,一环紧扣一环地分析和追问下去,直到取得最后的答案。

沈德鸿在植材高小就已经学会了这种思想方法,弄懂并接受了上面所说的思想观念。他是在把他所学到的天文学知识运用在这篇作文中,从一个实际现象开始,不断追问,层层开掘,使他的作文富于思考的逻辑性。不但如此,他还用科学反对迷信,开掘"神道设教"之所以流行的根源,以及它对"民智"的损害。同时,他也把"民智"的开化作为社会进步和国家富强的基础和起点。皇帝和他的文武官员既然是损害"民智"的根源,那么这个根源就必须挖掉。因而,他那含蓄的结论就合乎逻辑地包含了这样一个意思,皇帝和他的文武官员应当转变思想,用科学来取代迷信的"神道设教"。

这个办法,也正是当时的维新派解决社会问题的措施。他们希望清朝政府主动实行改革,来推行科学和民主。

但是，如果皇帝和他的文武官员不肯，怎么办？还有另一种解决的办法，这就是当时已经兴起的由孙中山先生领导的民主革命，即推翻清王朝，建立新的民主共和国。

沈德鸿这篇作文所得出的含蓄的结论，把这两种当时已经在社会上出现的解决办法都包含在内了。所以，他的含蓄的结论，就显得耐人寻味了。

由这篇作文可以知道，沈德鸿在植材高小的老师给他提供了一个有利的平台，使他能够及时地获取所处时代的先进思想和思想方法。加上他自己的努力和勤奋好学，就把这些思想和思想方法转化为自己的思想和思想方法。这是一个人能够迅速成长的重要条件。它培养了他观察、思考的能力，特别是发现问题、分析问题和解决问题应具有的逻辑思考力。

在本书第一章，我们曾提到，茅盾作品的主要特征和他的主要贡献，在于他特别善于分析和揭示社会现象与社会心理。这个特征，在他小学的作文里就已经有所表现了。与这个特征相伴随的，就是他的科学、民主意识，以及获取的先进的思想观念和思想方法。

从植材高小的国文老师所出的作文题目中，我们也可以看出，老师比较注重引导学生关心国家大事和民族命运，注重让学生自由地发表自己的见解，从而培养学生对社会的洞察力，以及发现、分析和解决问题的能力。换句话说，也就是培养学生的理性能力。

下面我们附录他的两篇比较短小的作文,只略作背景和主题介绍,不再详细讲解。这两篇作文同样体现了沈德鸿的分析能力和表达能力。只不过,要想从别人的文章中吸取经验,就需要"入乎其内,出乎其外"。"入乎其内"是跟着文章的思路走,弄清它的思路、基本观念和思想方法。"出乎其外"是超出文章,用自己的眼睛来评判它,看出它的优劣长短。但这需要自己的思路能够比文章的思路多迈出几步,也就是沿着文章的思路,在它终止的地方,自己再往前思考。这自然能比较容易地正确评价文章,同时也能比较容易地从中吸取经验。

青镇茶室因捐罢市平议

警察,有益之事也。茶室,消耗之所也。以消耗无谓之钱,办有益地方之事,亦其宜也。吾青镇茶室,因捐罢市,论者汹汹,以为茶室乃无谓空费之地,本应出捐以助公款,何其无良狡猾,一至于此!

然余以为茶室业小资薄,一日所赚之钱几何,既担任城镇学堂之捐,今再益之以警察费,宜其不能任其职矣。且加一捐,其茶之价亦必增一倍。吾恐吸茶少而益致亏矣。吾故谓警察之抽茶捐,事出苛求,而茶室之罢市不从,不得谓以私念而败公事。且办警察非一二千元不能,则区区茶捐何足敷用。况警察非所以卫大商及富家耶?则此款宜大商富家出之,又何必与小民缠绕不已哉!(批:不错,不错。)

(批:办地方之事,必宽以筹之。作者谓与小民缠扰不已,至论,至论。)

在我们中国,警察出现得很晚。清朝政府是迫于八国联军的要求,在义和团运动被镇压下去、《庚子条约》签订以后,才开始讨论办警察的事。中国的警察最早出现在1902年前后的天津,是袁世凯在那儿办的。1905年,清朝政府才开始建立巡警部,把警察制度逐渐推向全国。警察当然是为了维护清朝政府的统治而设置的。但这个政府已经彻底腐朽,人民已对它失去了信任和信心,革命浪潮已经汹涌而起,要推翻它了。

乌镇办警察更晚。沈德鸿的这篇文章,写的就是因办警察而出现的问题。办警察需要经费,这个经费是通过征收捐税而来的。清朝政府多办一项当时所谓"新政",就要多收一种捐税。乌镇和青镇都属江南水乡,一向有喜欢饮茶的习惯,也开了一些茶馆。例如,沈德鸿的祖父就每天到访卢阁茶馆饮茶。茶馆是本小利薄的生意,如果缴纳警察捐可能会承受不起,于是就罢市以表示抗议。

于是青镇出现了一种议论,认为办警察是有益于地方的实事,而茶馆却是一个消费性的营业,本应缴纳警察捐。现在,茶馆老板们却因不愿缴纳警察捐而罢市,实在是不应当,太狡猾。

《青镇茶室因捐罢市平议》就是针对这件事和这种议论而写的作文。平议就是评论的意思。

沈德鸿的见解很简单。他认为茶馆本小利薄,已经承担了城镇学校的捐税,再加上警察捐,势必承受不起。硬要茶馆缴纳警察捐,茶馆就必然要提高茶价。茶价一提高,顾客必然减少,茶馆就难以维持。所以对茶馆罢市,不能说是因自私而败坏公益,而是对茶馆过于苛求,茶馆实在承受不起。再说,警察主要是保护大商富家的,当然应由大商富家来承担警察捐,不必和本小利薄的茶馆纠缠。

这篇作文的结论虽然简单,但涉及经济分析,有一定的难度。老师的批语认为:"不错,不错。""至论,至论。"可见,老师完全赞成沈德鸿的见解。

祖逖闻鸡起舞论

欲立非常之功,必待非常之人。既有非常之人矣,而无时势之可乘,不得建非常之功。虽然时势至矣,而无重权以展其雄才大略,亦不得建非常之功。

吾观夫晋元帝时之祖逖,抱攘胡之志,怀廓清之略,方其壮年,曾鸡鸣而起舞。及其渡江,至中流而击楫,志奋风云,气凌日月,卒不得重权以遂己志,反郁郁愤死。此余所以长叹而深惜者也!

夫汉劫二帝,岂共戴天。为元帝计者,将必谓卧薪尝胆，枕戈复仇。既有祖逖之英雄，委之以重任，俾之以兵权，深结其心，使力复中原，斥五胡，安社稷，报洗爵之耻，雪被虏之辱，方不愧中兴之主。（批：慷慨而谈，旁若无人。）乃质本豚犬，信于奸臣，惑于浮言，方图北伐，遽尔罢之。宁存半壁，且图苟安。使忠臣义士负戟长叹，一腔报国之心竟成画饼，前功尽弃，化为乌有。何以对死者，何以对忠臣？岂得与汉宣并称中兴哉？

呜呼！祖逖以盖世之才，不能遇一明主而建封侯之业，反湮没于乱世，不称其志。非吾所谓不得其时，不遇明主者焉？呜呼！悲夫！

（批：慨祖生不遇其主，壮志莫酬，确有见地。行文之势尤蓬蓬勃勃，真如釜上之气。）

许多青少年都知道祖逖。汉语里有两个成语，都出自他的事迹。一是"闻鸡起舞"，一是"中流击楫"。

祖逖是东晋的著名将领。西晋末年，许多少数民族打进中原。西晋的两个皇帝也被匈奴族所建立的汉国俘虏了去。沈德鸿的作文里所写的"汉劫二帝"就是指这件事。西晋朝廷逃到江南，历史上称为东晋，北方则进入"十六国"的时代，中国处于分裂状态。

祖逖年轻时，就怀有为国家建功立业的志向。每天黎明，鸡一叫，他就起床练武。这就是"闻鸡起舞"的典故和来由。天下大乱，他率领他的家族迁到江南。他一心想收复北方，重新统一中国，就向东晋的那个昏庸皇帝晋元帝要求北伐，收复失地。晋元帝任命他为豫州刺史。

后来他就率领部将渡江北伐。船到长江江心，他拿起桨敲着船帮发誓："祖逖不能清中原而复济者，有如大江。"意思是说，我祖逖如果不能扫清中原重新统一中国，就像长江一样，一去不返。为了收复失地、统一中国，他下了殊死的决心。

部队渡江以后，军纪严明，受到北方人民的欢迎，屡打胜仗，收复了黄河以南的大片土地。当他要进一步扩大战果时，东晋朝廷却不同意他的战略，结果他坐失良机，以至忧愤而死。

因此，祖逖就成了中国胸怀报国壮志的典范人物。许多年来，他一直被用来作为教育后代要有报国壮志的榜样。老师出《祖逖闻鸡起舞论》这个题目让学生来写，也有这个用意。

沈德鸿的这篇作文写得很有特色。他能从历史事实中总结出普遍性的经验和意义，这体现出他的概括能力。他从祖逖的一生中，总结出这样的普遍经验：要想建立不平常的丰功伟绩，必须有不平常的杰出人物。待到杰出人物出现，如果时势对他不利，他还是建立不了丰功伟绩。假如时势对他有利，可是他又没有发挥雄才大略的大权，也还是不行。

一个十三岁的小学生,已经试图从有限的阅读中,总结普遍的经验,或者说普遍的规律,可知他读书多且勤于思索。因为这样的思索,需要把自己的所有知识融会贯通起来,抽出其中的共性。

沈德鸿的这一总结,注意到了人在社会中的普遍联系和互相制约。人的成败利钝,是受主观和客观条件制约的。由于皇帝的昏庸,祖逖最终未能实现自己统一中国的壮志。他错失良机,最终忧愤而死。能力、时势和权力,对于军政人物来说有着重要意义。

选举投票放假纪念
——四月十五日浙江咨议局初选举投票日期

四月十五日,天晴气朗,风气宜人。有绅士数辈奔走慌忙。往来之人皆喜色满面,欢声雷动。嘻!今日何日,而士民之喜若是?今日乃咨议局初选举投票日也。学堂某门洞开,龙旗高悬,学生出入,问之,则放假日也。问何以放假?则亦因选举投票而然也。

有学生数人,晤言一室之内,谈论雄豪,其兴转浓,春风满面而喜气扬,欢溢眉宇而谈愈雄。

移时一学生自外来,举手道喜曰:"恭喜今日咨议局成立矣!今日咨议局之成立,即我党享自由之幸福,敢为诸君贺。"于是众人益喜,互相庆贺。

有曰:"今日实行预备立宪,选举投票,实乃我国四千余年未有之盛举。从此我国民可以脱离苦海,而跳出专制范围,享自由之福,可庆可庆!"

　　有曰:"恭喜恭喜,我国黑暗已至极点,而近日实行预备立宪,乃我侪所额手相贺。今日之放假,乃选举投票之纪念。"

　　一时庆贺之声不绝于耳,良久始各散去。

　　余睹此情状,不觉大悦。深念近日之咨议局,即他日之议院。今日之咨议局既善美若此,即他日之议院可知。如是,则民情可张,舆论必重矣。思已更喜,时已至家,乃默坐复思,愈觉可喜。乃援笔记之,以为纪念。

　　(批:以诙谐之笔作记事文,最为灵捷。)

这篇作文是沈德鸿所存《文课》的三十几篇作文中,唯一一篇用小说笔法所写的记叙文。其中涉及的事件,在近代史上相当复杂,这就是作文中所提到的"预备立宪"和"咨议局"。

在1898年的戊戌变法中,维新派就要求把封建君主专制制度改革为君主立宪制度。立宪就是制定宪法,并且按宪法和法律来管理国家事务,也就是变专制为法治。也就是说,国家仍然保留皇帝,他仍然有很大的权力,但国家大事不再由他一人说了算,而是得组织议院,由议院制定法律。议院由许多议员组成。议员代表各自集团和党派的意志,并由选举产生。国家大事由皇帝和议员们民主讨论、表决来共同决定。

假如再把世袭的皇帝换成总统,而总统由选举产生,由总统和议院共同决定国家事务,这就叫作共和制。

不过,这两种制度,在中国的历史上,从来没有真正实现过。

由于慈禧太后发动政变,戊戌变法失败了,清朝政府仍然实行君主专制。变法运动既不成,于是民主革命运动就兴起来了。这就是孙中山先生领导的民主革命,要用武装斗争直接推翻清朝政府,建立共和国。这一来,清朝政府害怕了。

到了1906年,在许多立宪派人士的强烈要求下,清朝政府才不得不答应预备立宪。这不是马上立宪,而是预备立宪。预备期多长呢?遥遥无期。这种骗局,立刻引起全国一片哗然。

1908年,光绪皇帝和慈禧太后死了,三岁的溥仪做了皇帝。三岁小孩不懂事,就由他的父亲载沣代替他行使权力,叫作摄政王。第二年,应许多立宪派人士的强烈要求,再加上革命运动造成的压力,清朝政府只好答应预备立宪。这也是预备,预备期八年。但是,清朝政府同时要求在各省先行成立咨议局。

咨议局近似于地方议院,是预备立宪的产物。咨议局由议长和议员组成,并由选举产生。他们有权议决本省的政治、经济等事务,但一切议决的具体事项,都得由本省督抚(相当于省长)批准才有效。实质上,咨议局的议决只不过供督抚参考采纳而已。

但是,就这么一点形式的民主,其实也来之不易。在中国的历史上,这还是破天荒第一遭有了"选举"。

这件事在植材高小引起一阵兴奋,学校决定放假一天,时间是 1909 年 4 月 15 日。这一天是浙江第一次投票选举咨议局议员的日子。

对这件事的复杂性,沈德鸿没有涉及,也不大可能知道得多清楚。但他高兴,大家也高兴。他也和大家一样,渴望着自由和民主。这篇作文就表现了他和同学们对自由、民主的渴望,以及他的政治觉悟。

小说笔法和写论文的方法有很大差别,它更注重形象性和情境,作者的思想感情是通过这些表现出来的。论文就不必如此。

全文用浅显的文言文写成,没有使用典故。只要大体明白预备立宪和咨议局是怎么回事,就能看懂。另外,龙旗是清朝的国旗。这里我们主要讲这篇作文的小说笔法。沈德鸿喜欢看小说,又善于讲故事。这些都是他能使用小说笔法的知识源泉。

在现实生活中,人总是在具体的时空中生活,并产生交往的。这也就是说,人都是在具体的场景中活动的,在电影、戏剧和小说里也是这样。比如说，几个人在一间屋子里交谈，这就构成了一个场景。但是，人与人在具体的场景中交往，会产生具体的思想感情。像这种在具体的场景中产生和表现出来的思想感情，就是情境。电影、戏剧、小说这些叙事文学作品，都得致力于建构能够充分表现思想感情的情境。这也是小说笔法最基本的特征。没有它，就谈不上小说笔法。论文就完全不必如此。

这篇作文，一开始就致力于表现一个宏观情境。所有的人，从绅士到学生都因投票选举日而喜气洋洋。学校也因此而放假，且龙旗高悬，以示庆祝。作文以此来表现社会上的各种人物对成立咨议局而产生的兴奋和欢迎之情，然后再以这个宏观情境为背景，转入一个小场景。

这个小场景即是现实中的几个学生"晤言一室之内"，宛如电影、戏剧中的一幕。作者除了致力于表现大家的兴奋，更主要的是描写对话。这些对话是直接表现思想感情的，也是作者表现主题的用力之处。一个说："今日咨议局之成立，即我党享自由之幸福。"我党是我们的意思。另一个说，今天实现预备立宪和选举投票，是中国四千年来从未有过的盛举，"从此我国民可以脱离苦海，而跳出专制范围，享自由之福"。再一个又说，"我国黑暗已至极点"，实现预备立宪令人额手相贺。总之，"庆贺之声，不绝于耳"。

接下来，文章直接描写作者自己的心理活动。他想的是，今天的咨议局虽然还不是议院，但议院成立在望了。议院的成立，就意味着民主的实现。这样"则民情可张，舆论必重"，也就是人民的意志可以伸张，社会的舆论会被政府重视。

从未享受过自由的人，哪怕一点点自由的气息，也会令他兴奋不已，甚至诱发出很多天真的想象。憎恶专制，憎恶黑暗，向往自由和民主，这个主题非常鲜明地通过两个兴奋的情境生动地表现出来了。

老师给他的评语是"以诙谐之笔作记事文，最为灵捷"。所谓诙谐之笔，就是小说笔法。

沈德鸿的这位老师，在文学观念上比较开放。因为在那个时代，还有许多老师根本不能容忍用小说笔法来作文。到沈德鸿读中学时，在嘉兴中学他就遇到一位这样的老师。

西人有黄祸之说试论其然否

以我中国四万万人民之众，二十二行省土地之广，物产丰美，人民智慧，海湾曲折，形势天然，人烟辐辏，从无荒野旷城；天气温和，鲜有酷暑凛寒。此所谓帝国，亦天下之雄国也。然近日列强环伺，气焰侵人，有鹰瞵虎视之心，染指朵颐之欲。我四千余年之古国，乃竟为白人之战场，铁骑纵横，碧血横飞，任其蹂躏，莫之能抗。举目祖国，遍居碧眼黄发，历游繁盛，竟成异族市场。我国人犹嬉戏于酒色，沉湎于醉乡，即有一二有志之士，皆气结郁郁，不能有为。宜乎二十二行省，在彼势力之范围中。此正危急存亡之秋也！

虽然，我国近日仿效泰西，力行新政，人民智识日渐开通，正一线之光明也。昔少康兴夏，有田一成，有众一旅，而况我中国土地之辽阔，民庶之殷繁乎？如能力行新政，以图自强，将驾欧美而上之，为全地球之主人翁矣。此昔时西人所以有黄祸之说也。

或曰：西人于自强一道，则坚持甚固，莫敢稍怠。故言黄祸，所以自戒也，所以使黄人生怠惰之心也。不然，白人之海军如是其完善也，陆军又如是其精强也，政治又如是其美备也。此三者，吾国无一也。海军则覆没于日本一战，陆军则充虚额，国政破败，有大厦将倾之象；海湾形胜，租界殆尽；矿产地利，采掘几无；是值奄奄气绝之时也，又何能与群龙相较衡哉？此黄祸之说，为彼西人之自戒，可以知矣。（批：此说亦是。）

余曰：不然。吾国自尧、舜以降，历四千余载，不可谓不古矣。历代文化，灿于史乘，为天下之雄主久矣。然以制度久袭，未免流弊多端。乃列强崛起，别发妙想，独建新政，起大风潮，铁血横流，群龙尽现，睡狮独鼾，浩浩黄胄，伤心马牛。然一线生机，含蓄其中。睡狮既醒，群龙势危，加以土广人众，物美气和，将席卷欧美，雄视全球。（批：西人闻之，当为破胆。）且日本非黄人乎？明治维新，气象大更，败俄于辽东，其气象且骎骎焉凌欧而驾美。由是而观，黄祸之说岂诬也耶？且今日我国尽力维新，创办立宪，人民之踊跃异常。则十年生聚，十年教训，二十年之后，白人无遗种矣！（批：此事必无，然此志可嘉。）

吁！我国其勿以黄祸为白人畏惧之谈，而生骄心，其竭力自治，毋生怠心。

养痈日久，必有痈溃之时，为虺勿摧，必有成蛇之日。今幸数千年来之立宪思想，于今日发之，自由之精神，于今日启之。然则昔日西人黄祸之言，乃我中国发祥之谶也。

（批：西人黄祸之说所以惧我也，篇中论到中国人不可因此而生骄心，而生怠心，是自警也，是自惕也。果人人能有此志，终当达其目的。）

这是沈德鸿一篇很特别的文章。"黄祸"这种说法，在西方兴起于19世纪末，盛行于20世纪初。它的意思是说，中国、日本等黄种人的崛起，是威胁欧美白种人的祸害。这个说法包含着侵略性的动机，体现了西方列强对东方的侵略和控制。

"黄祸"说传入中国后,人们纷纷援引这个说法,发挥各种各样的解释。它引起植材高小老师的注意,于是也让小学生来评论"黄祸"说正确与否。这使沈德鸿有机会来思考和写作如此难以驾驭的题材。他的写作方法,还是和其他论文基本一致,这无需细讲。下面是文章的大意:

> 中国地大物博,人口众多,历史悠久,地理优越,的确是天下"雄国"。可是由于中国人自己醉生梦死,毫不振作,竟然沦为白种人的战场,落在外国侵略者的势力范围之中,任其蹂躏。中国已经到了"危急存亡之秋"的生死关头。

> 但是中国近来开始学习西方,实行改革,人民的智慧逐渐开化。这给中国带来了一线希望。在古代的夏朝,少康只有十里大的土地和五百人口,还能振兴夏朝,何况现在如此地广人众呢?中国只要"力行新政,以图自强",就能超过欧美,"为全地球之主人翁"。西方人因为看到了这一点,所以才产生"黄祸"之说。

> 可是有人认为,西方人对于自强之道,一直坚持不懈,所以他们提出"黄祸"之说,是为了"自戒",提高他们自己的警惕。有人认为这是故意麻痹黄种人,使黄种人"生怠惰之心"。前一种看法反驳后一种看法,说白种人的海军、陆军和政治都那么强大完善,而这三样却是中国根本没有的。中国的海军已经

覆没于中日战争,陆军只是空头名额,政治腐败,已如大厦将要倒塌。中国的东南沿海城市已经被外国的租界瓜分殆尽,矿产也被挖掘得差不多了。中国就像是个气息奄奄的人,用不着麻痹,也不能和西方列强去竞争了。所以,"黄祸"说只不过是西方人的"自戒"。

我认为这种"自戒"的看法也不对。中国历史悠久,文化灿烂,一旦"睡狮既醒",西方列强的威风也就保持不住了。加上中国地广人众,终"将席卷欧美,雄视全球"。日本人不也是黄种人吗?明治维新之后,气象大变。他们在辽东打败了俄国,而且差不多已经超过欧美。由此看来,"黄祸"之说,并没有说错,西方人是畏惧黄种人的。而且中国现在正尽力维新立宪,人民非常踊跃。经过十年生聚,十年教训,"二十年之后,白人无遗种矣"。

不过,我们千万不要因为白种人畏惧黄种人而骄傲自大,而生懒怠之心,应当竭力自治。

痈疮长久了,定会溃烂;小蛇不被摧折,就会长成大蛇。现在,幸而立宪、自由的精神已经产生,那么西方人的"黄祸"之说,正是为我们中国的发祥兴旺所说的预言呢。

沈德鸿认为"黄祸"之说的产生,是由于西方畏惧东方黄种人强大起来。但中国人也不能因为西方畏惧黄种人强大，而骄傲懈怠。西方既然畏惧黄种人强大，就自然也得自戒。他之所以得出这个看法，所依据的仍然是"生存竞争，优胜劣败"。这就暴露出这种观念的两面性。一方面，它使沈德鸿渴望中国强大起来，并且从各个方面寻找支持这种渴望的根据，诸如地大物博、人口众多、历史悠久、文化灿烂之类。这一切，使他有很强的民族自豪感和自信心。

另一方面，中国如果真正强大了又怎么样呢？即"席卷欧美"弄得"白人无遗种"——意思是白人绝种，等等。换句话说，就是也像现在的西方列强侵略中国一样，去侵略欧美。这就是"生存竞争，优胜劣败"观念的负面效应。沈德鸿的这种看法在当时也非常流行。鲁迅先生当时曾写了一篇《破恶声论》，他所破的"恶声"之中，就包括了沈德鸿所讲的这种"席卷欧美"弄得"白人无遗种"的说法。

对于曾经饱受侵略之苦，又有些志气的人来说，往往易于产生民族复仇心理。而沈德鸿毕竟在写他很难驾驭的大题材，当然不免捉襟见肘。尽管如此，他的文章仍写得激昂慷慨，条理分明，语言纯熟。

但现在这些已并不很重要，重要的是，这篇作文可以使今天的青少年知道，一个多世纪前的小学生都已在探究事关民族前途的大问题了。放眼世界，自立自强，这是任何时候都不可少的精神。

第五章
动荡的中学时代

一、湖州中学——新视野与新收获

1909年夏季,沈德鸿从植材高小毕业后,母亲已经准备好让他上中学。可是乌镇没有中学,只有像杭州、嘉兴、绍兴、宁波、湖州这些地方才有。那时候,杭州除了有一所中学外,还有一所初级师范学校。有人劝母亲,不如让沈德鸿去上这所师范学校。师范学校条件优越,不收食宿费,一年还发给学生两套制服,只不过毕业以后必须当教师。母亲觉得,师范学校虽然条件好,吃饭穿衣住宿都不要自己花钱,但是父亲的遗嘱是要沈德鸿和弟弟都学理工科,当教师与遗嘱不符合,因此不同意。

那年沈德鸿只有十三岁,从来没有出过远门。让这么点大的孩子孤零零地到外地的城市去上学,实在叫人有点不放心。杭州是省城,那里的中学大概要好些,可是路程太远。母亲觉得嘉兴离得近些,但又不知那里的中学究竟怎么样。

正当她反复考虑、举棋不定的时候，沈德鸿的一位姓费的表叔劝她让沈德鸿去上湖州中学。这位费表叔当时在湖州中学读书，家也在乌镇。母亲觉得，沈德鸿有亲戚相伴，互相有个照顾，便决定让沈德鸿去考湖州中学。

儿行千里母担忧，沈德鸿要去百里之外的湖州上学，她怎么也难以放心。依母亲的意思，出去读书，在年限上不能吃亏，越早毕业越好。那时候，湖州中学可以根据考生成绩插班。虽说中学的学制是五年制，但只要考生的程度高，不一定非得从一年级读起。

沈德鸿和他的费表叔一道乘小火轮离开乌镇，去报考湖州中学。这是他第一次离开故乡。

到了湖州，他打算报考插班生，目标是直接报考中学三年级，就像考植材高小时一样。那时候的中学不分初中和高中。他在植材高小时，除了国文成绩优异外，英文成绩也很好，并且学完了平面几何和代数。植材高小的教学程度与一般的中学差不多。他自以为直接报考湖州中学三年级挺有把握。不料考试的时候，他把几何题目都给做错了，结果三年级没考取。凭着国文、英文成绩优秀，他被录取在二年级。

从此，沈德鸿就成为湖州中学的中学生了。这意味着，他只要读四年书，就可以中学毕业了。

湖州中学也是清朝末年教育改革时创办的新式学校，在当时已属老牌中学了。学校在环境幽雅的爱山书院旧址上新建了几座洋房。幽静的校园,中西合璧的建筑,十几个同学共住一个寝室,这些都使初离家门的沈德鸿感到新鲜。

学校所设置的课程和植材高小差不多。不过,让他感到新鲜的倒是地理课。这是他在小学里没有学过的一门课,只有母亲曾教过他《地理歌略》。地理老师总是把课讲得津津有味。他能把地理中的山山水水、名胜古迹、风土人情、名人逸事生动有趣地结合起来讲解,让沈德鸿大开眼界,觉得很有兴趣。

湖州中学也是一所偏重文科的中学。这正合了沈德鸿的兴趣,也开拓了他的文学视野,让他获得了许多新知识。

这里的国文教师比植材高小的教师更自由,他们可以根据自己的兴趣和擅长,爱教什么就教什么。他的国文老师叫杨笏斋。杨老师的专长是古典诗歌,他就教学生们《古诗十九首》,教晋朝左思、唐朝白居易等诗人的诗歌。

这些古典诗歌让沈德鸿大感兴趣。他在植材高小所学的国文课主要是"四书五经"里的《孟子》《礼记》《尚书》《周易》,没有上过古典诗歌课。杨老师讲的古典诗歌,比起《孟子》《礼记》《尚书》《周易》这些书来,既有趣,也好懂,让沈德鸿觉得兴味无穷。这使他开始接触到中国古典文学的一个重要领域。

杨老师除了讲古典诗歌,还给学生们讲了另一部古书

《庄子》，也令沈德鸿大感兴趣。在我国的春秋战国时代，有所谓"诸子百家"，例如孔子、墨子、老子、孟子、荀子、庄子、韩非子等，好几十个"子"。我们现在所说的中国传统文化，就是在那个时代中奠基的。孔子、墨子、老子分别是中国儒家、墨家、道家三大思想流派的创始人。庄子是战国时代的人，也是道家的一个主要思想家。记录庄子及其后学所著学说的书就称作《庄子》。

到了汉朝以后，历代皇帝都觉得儒家思想最适合于他们的统治，也就把它作为正统的官方意识形态。孔子于是被树立为圣人，孟子被树立为亚圣。墨家逐渐失传。道家思想的两部代表性的著作《道德经》和《庄子》，只在一部分学者和民间流传。到了清朝，儒家最主要的著作"四书五经"被确定为科举考试的必读书，大多数读书人为了应付科举考试，就只读"四书五经"，其他的书也就被视为"闲书"，被排除在"正统"之外了。即使在新式学校里，"四书五经"也还是规定为必修内容。沈德鸿在植材高小读书时，国文课的四本书就全是"四书五经"里的。他当然就不会知道中国古代还有那么多的"子"。

杨老师上的《庄子》课，不但打开了沈德鸿的眼界，而且使他知道中国古代还有那么多的思想家。《庄子》虽然是一部子书，但是想象丰富，比喻奇特，寓意深刻，有非常浓郁的艺术性。杨老师把它作为最好的古文讲给学生们。

沈德鸿也特别喜欢这部书，还有点儿崇拜这位古代的思想家。他后来在商务印书馆工作的时候，就特地选编了一本《庄子》的注释本。《庄子》的确是一部很有意思的书。我们现在的中学课本里，也选取了其中的一些文章。例如《庖丁解牛》就节选自《庄子·养生主》一文。

沈德鸿到湖州中学上学的时候，已经是辛亥革命前夕。校长沈谱琴虽然是个科举出身的举人，但是他有革命思想，已经参加了孙中山先生领导的同盟会。他很注意改革教育，让学生吸收新思想，了解外面的世界和新事物。那时候，有一个叫钱恂的开明人物从国外回到湖州度假，他的弟弟钱玄同和他的儿子钱稻孙也从日本回来。沈校长得知后，就登门拜访他们，以晚辈的礼节恳请钱恂到学校代理校长一个月，看一看湖州中学办得怎么样，进一步提出改革学校教育的方案。

沈校长之所以如此，是因为这位钱恂是当时一位有名的学者和外交家。浙江省宁波有一座全国著名的藏书楼，叫作"天一阁"。钱恂曾经整理过这里的藏书，编成一部《天一阁见存书目》。这种工作，要有相当的学问才能做。后来，他作为清朝政府外交官的随员，去过英国、法国、意大利和比利时。1889年后，他又先后担任过湖北省留日学生监督，清朝政府驻荷兰大使和驻意大利大使。这个人，既了解中国，又到过许多国家，见多识广。

他的弟弟钱玄同和他的儿子钱稻孙都是从日本回来的

留学生。钱稻孙是中国近代一位有名的翻译家。钱玄同是中国当时最著名的大学者章太炎的学生,向章太炎学过文字学。而章太炎又是当时著名的革命领袖之一。那时候,鲁迅也向章太炎学习文字学,他和钱玄同是同学。

我们在上文曾讲到新文化运动发生的时候,钱玄同就在北京大学任教授,和陈独秀是同事。他也是五四时期文学革命的倡导人之一。鲁迅先生那篇著名小说《狂人日记》,就是在钱玄同的劝说下才写的。

钱恂答应了沈校长的要求。沈校长就郑重其事地招集全校师生在学校的操场上开会,把新任代理校长介绍给大家。钱恂虽然只代理一个月的校长,但是他办事很认真。他听遍了各个教师的课,一一提出意见,哪些讲得好,哪些讲错了,哪些地方应该详细讲却讲得不细。大部分教师都挨了批评。其中,沈德鸿他们班的英文教师受到的批评是发音不准确。

这位英文教师很不高兴,就在教师中鼓动罢教。可是除了教沈德鸿国文的杨老师勉强附和外,其余的教师都不听他的。钱恂第二天就得到了这个消息,立即决定另找教师来代替他们上课。

英文代课教师就是钱稻孙。他教英文果然有些不同。他先在黑板上画出口腔发音位置的剖面图,让同学们清楚地了解发音方法和要点,又仔细地矫正同学们的发音。我们都知道,这也就是我们现在学习外语语音的方法。这位钱老师来代课,给沈德鸿学会正确的英语发音带来了无穷的益处。

钱老师又查看了同学们过去所做的练习,才知道那位英文教师除了发音不准确以外,其他方面都还不错。他给同学做的造句练习,改得都对,而且所选的英文教材是《泰西三十轶事》。这是当时公认的一本好书。那时候,中国人称西方国家为泰西。这部《泰西三十轶事》讲的就是西方的三十个故事。

来替杨老师代课的教师就是钱玄同。钱玄同是有革命思想的学者,他所选教的文章,就和杨老师所教的大不一样了。他给沈德鸿他们讲的,是明朝末年的抗清英雄史可法写的《答清摄政王书》。

明朝末年,清军占领了中国北部地区后,摄政王多尔衮率领大军打到扬州。明朝将领史可法坚守扬州,使多尔衮不能前进。多尔衮用许多优厚的条件,企图引诱史可法投降。史可法就写了这篇《答清摄政王书》,义正词严地加以拒绝,并且痛斥清军侵犯明朝江山。史可法后来终于寡不敌众,兵败自杀。

清军占领扬州后,曾经在城里连续烧杀抢掠十天,把扬州城里的居民差不多都杀光了,历史上称作"扬州十日"。

清朝末年的革命党人经常宣传这件惨案,大量发行《扬州十日》这部书,以激起人们推翻清朝政府的决心。

这也就是钱玄同给学生们讲《答清摄政王书》这篇文章的用意所在。

除此之外,他还给学生们讲了《太平天国檄文》。他又讲了梁启超写的《横渡太平洋长歌》、黄遵宪写的《台湾行》。我们在上文已经提到过梁启超,他是维新变法的领袖之一。这个黄遵宪也是。不但如此,这两个人在当时还提倡"新文体",也就是号召人们不要再用那些古奥难懂的文言文来写文章,应当用浅显易懂的白话文来写,这样才有利于科学和文化的普及。他们自己所写的诗歌和散文,就是当时"新文体"的范文。

沈德鸿以前所听的国文课,讲的都是古代的诗文。现在这位钱老师在代课期间,给学生所讲的这些内容,大多数是以前没有听说过的。这些新鲜的知识,大大地开阔了他的眼界,活跃了他的思想,使他感到非常新鲜。

钱老师所上的作文课也与以前不同,他不是命题作文,而是让学生选择自己喜欢的事,或者想做的事、自己的志愿等,自己选定题目来写。这也让沈德鸿感到新鲜。他做惯的是命题作文,老师出什么题,他就扣住了题目写。现在却要自己选题,他反而感到茫无边际,一时不知从何写起了。其实,钱老师采用的是一种很好的办法。它能激发学生们进行自由的创造性思考,开动脑筋,调动已有的一切经验和知识来创作。

沈德鸿考虑来考虑去,忽然想起以前杨老师讲过的

《庄子》，就写了一篇《志在鸿鹄》来表达自己的抱负，要像冲入云霄、志在千里的鸿鹄。钱老师看了这篇作文后很高兴，又拿给代理校长钱恂去看。钱恂看了后，也觉得这个学生很有前途。他就在写得好的地方打上圈，又在末尾写了一条批语，说："是将来能为文者。"这句话的意思是说这个学生将来能成为一个文学家。

第二天，钱老师又把学生的作文发还给学生，沈德鸿看到赫赫有名的钱恂也这样夸奖他、鼓励他，不禁信心大增。同学们看到后，就给他取了个外号，称他为"文学家"。

代理校长和代课老师一个月后都走了，原来的老师又重新回来上课。沈德鸿心里感到很遗憾，要是这些老师能继续教下去该有多好。于是他就对杨老师说，请杨老师也给同学们讲些新鲜的课文。

杨老师也很赞成钱玄同的教法。他对沈德鸿说，钱老师虽然只教了一个月，讲了寥寥几篇文章，但是都包含了推翻清朝政府、再造河山的宗旨，已经没有比这更新鲜的了。

沈德鸿又要他多讲些当前的时事，让大家多了解些国家大事。杨老师不禁哈哈大笑，接着对他说，钱老师所讲的《答清摄政王书》里的摄政王，是那时候的摄政王。现在当权的也是摄政王。你想，那时的摄政王和现在的摄政王相比，怎么样呢？沈德鸿经杨老师这么一提醒，心里陡然明白了。读书和观察现实事物，都有同样的道理。历史就是现实的一面镜子。两者互相联系起来思考，就容易看出现象的实质。这是观察和思考社会人生的一个重要方法。

从此，杨老师给沈德鸿他们教了文天祥的《正气歌》，又选讲了明朝末年张溥选编的《汉魏六朝百三家集》的题辞。杨老师也对学生讲了他选讲这部书的用意。

原来，明朝末年有个宦官叫魏忠贤，结党营私，把持朝政，无恶不作。现在慈禧太后信赖的大太监李莲英，和那时的魏忠贤一样，搞得整个国家形势也和明朝末年差不多，都是腐败不堪。

张溥奋起反对魏忠贤，号召"兴复古学，务为有用"，也就是古为今用的意思。他选编了这部《汉魏六朝百三家集》，并为所选的一百多个作家的作品写了题辞。他的题辞就含有这个用意。

所以杨老师也不讲汉魏六朝（指东吴、东晋、宋、齐、梁、陈六个朝代）作家的原作，而只讲张溥的题辞。

这个课使沈德鸿知道了汉魏六朝有那么多的作家，懂得了许多中国文学史的知识，特别是使他知道了有一部书叫《昭明文选》，是中国现存的最早一部诗文总集。《汉魏六朝百三家集》里的好些作品，就是从《昭明文选》里选出来的。《昭明文选》是南北朝时期梁朝的昭明太子选编的。恰好，在沈德鸿的故乡乌镇，有一处古迹，据说是昭明太子读书的地方。沈德鸿好寻根究底,心里也就总想看看《昭明文选》。要想了解中国的古代文学,这部《昭明文选》倒也的确需要看一看。

可是《汉魏六朝百三家集》的题辞是用骈体文写的。这是一种非常讲究形式,死板严格却精致的文体,很难写。它要求全篇的句子以对偶句为主,讲究对仗和声律。杨老师又恰恰信奉"书不读秦汉以下,文章以骈体为正宗"。于是他又教沈德鸿他们学写骈体文。这也使沈德鸿产生了兴趣,跟着学写起骈体文来。

钱玄同他们一心要把学生的注意力从遥远的古代拉到现代,可是,杨老师又一下子把沈德鸿的兴趣引到那个没有多少价值的骈体文里去了。

湖州中学是一所偏重文科的中学,数、理、化课程的难度不大。沈德鸿学这些课程不觉得吃力。他在上小学的时候就喜欢看小说。到了中学,连过去爱好的绘画也不怎么感兴趣了。大部分的课余时间,都被他用在读中国古典小说上。举凡他能找到的古典小说,他都找来读。博览中国古典小说,既是他的一大课余兴趣,又是他在小学和中学时代的一项重要收获。

这年寒假,沈德鸿一回到家里,就问母亲家里有没有《昭明文选》。母亲不知道。他就自己各处找。结果,又是在他从前找到小说的那间放杂物的屋里,找出一部来。读了《昭明文选》,他果然从中看到,杨老师所讲的《古诗十九首》、左思的《咏史》都在这部《昭明文选》里。整个寒假,他就沉浸在这部《昭明文选》里了。

沈德鸿的四叔祖有个儿子,也就是他的堂叔叔,他称为凯叔。凯叔那时在嘉兴中学上学。寒假期间,两人常常互相谈起各自的学校。凯叔对沈德鸿夸自己的学校,说嘉兴中学的英文老师水平高,他们都是梵皇渡毕业的。沈德鸿一听他们的英文老师是梵皇渡毕业的,也就相信了。

梵皇渡其实是上海的一个地名,那里有一所上海圣约翰大学。这是美国人办的一所教会学校,因毕业生英文好而著名。凯叔说的梵皇渡,也就是指这所圣约翰大学。

凯叔又说,嘉兴中学的老师和学生都很讲平等,师生就像朋友一样,互相帮助。老师一点儿也没有架子,常常和学生一起聊天。沈德鸿听他这么讲,心想,嘉兴中学的英文老师看来要比湖州中学的英文老师高明多了;而湖州中学管学生宿舍的舍监确实专横,看来也不如嘉兴中学。他这么一琢磨,就产生了转学的念头。

不过他还没有打定主意,也就没有对母亲说起。寒假一结束,他仍然回到湖州中学去上学。

二、湖州中学——兴奋与烦恼

沈德鸿回到学校,一切还是和过去一样。杨老师继续讲《汉魏六朝百三家集》的题辞。稍有不同的是自修室的好位置都给别的同学占了。只有紧靠厕所门口的一个最糟糕的座位还空着,他也就只好坐在这里自修。学校规定,在自修室里不许抽烟,不许看闲书。可是,同学中有好些是二三十岁的人,不大坐得住,进进出出不断。有学生在厕所里抽烟、看闲书,也没人去管。这一来,厕所门口就热闹了,进进出出,臭气也就一阵一阵扑鼻而来。沈德鸿的座位是行人必经之处,臭气冲天,弄得他不能静心看书,但也无法可想。

这天,他实在有点不耐烦,大笔一挥,写了一张纸条贴在墙上,上面写着"少往为佳"四个大字,意思是劝大家少往厕所里跑。可是第二天,那纸条上的"少往为佳"的"少"字,不知何时被改成了"多"字,引起同学们一阵哄堂大笑。沈德鸿见了,不由得心里有点恼火。可是,转而一想,又大笔一挥,写了一张纸条贴在墙上。这回写的是"卫生莫善于养气"。他是很注意卫生的,平时衣着整洁,从不随地吐痰、乱扔废物。还在小学时,他就对家乡不卫生的环境很不满。没想到,中学里面也还是有人这样不注意卫生。他也就只好"养气",就是提醒自己,要容忍,不要生气,生气有害于健康,也是不卫生的。从此,沈德鸿除了"文学家"这个外号以外,又多了一个外号,叫作"卫生家"。

不过,沈德鸿的身体在班上却不算强壮。他年纪小,人也长得瘦小。湖州中学的沈校长对体育也很重视,体育课有时就变成了军事训练。这在校长心里,有自己的安排。他实际上是通过体育课来训练"学生军",准备革命爆发时及时响应,去占领湖州城。后来也果然如此。辛亥革命爆发的时候,沈校长训练的湖州中学学生军为光复湖州起了很大的作用。沈校长的用意,沈德鸿当时没法知道。

可是这一来,沈德鸿在体育课上就不免经常为难了。"走天桥"东倒西歪,战战兢兢;力气小,翻单杠翻不动。如此数次,惹得同学们阵阵大笑。队列操、齐步走,他是会的。可是现在得扛着真枪做队列,他也因为力气小而学不会。他的身高还没有步枪长,再装上刺刀,他就显得更矮小了。提枪上肩,他就觉得很费力,有点站不稳。老师叫"开步走",他才挪步,枪就滑下了肩,他只好拖着枪走。老师见他这样,也就只好给他免了这些项目。

湖州中学每学期照例都有一次"远足"。不过,这不是徒步旅行,差不多就是急行军。路程不算远,最多三十来里路。沈德鸿也参加了。第一次参加这种训练,走不多远,两腿就发沉。大同学们倒是挺认真,一边安慰他一边扶着他一个劲走。队伍要加快速度了,同学们就搀着他跑,总算挨到目的地。经过训练,他的体能也确有长进,能够急行军了。不过他总是掉在后面。

沈校长不但暗暗地训练学生军,还主动引导学生接触外面的社会。1910年夏季，南京举行了一次大规模的"南洋劝业会"。那时候所说的劝业会，差不多相当于我们现在所说的产品交易会。所谓南洋，是相对于北洋而言的，指我国的东南地区。清朝末年，中国的政治中心在北方，而经济中心则在东南地区。北洋大臣由直隶总督兼任，衙门设在天津。南洋大臣由两江总督兼任，坐镇南京。这次的南洋劝业会名义上就是由南洋总督、江苏巡抚（相当于省长）和民间商人联合主办的。它的规模之大，单会场占地就达七百亩，在当时曾引起各界注意。它曾宣布三条宗旨，一是振兴工商业，二是建造南京市场，三是补助社会教育，其中就包含了吸引外资的基本意图。

这次劝业会，对于湖州中学的学生来说，正是一次了解中国经济状况的好机会。学校组织了二百多名学生，包租了一条轮船，从湖州出发，由水路到江苏无锡，再改乘火车，直达南京。沈德鸿也兴高采烈地参加了这次活动。对于他来说，这还是第一次跑这么远的路，见到那么多的新鲜景观。他们虽然在南京只逗留了三天半，但是大开了眼界。在劝业会上，各省的产品按省分馆展出。当他看到浙江馆展出的绸缎、绍兴酒、金华火腿等特产时，因为这些是见惯了的家乡产品，起初他还觉得很平常，不甚注意。可是，当他听说绍兴酒竟然获得了银牌，才大为惊喜，感受到这些传统特产不平常的价值。他尽情饱览了东南各省展出的琳琅满目的产品，不禁大为赞叹。这次参观

使他感觉到自己的祖国的确地大物博,发展工业前途无量。而过去,自己局限在小小的乌镇,小小的浙江,实在是见识太少了。一个有远大志向的人,只有"读万卷书,行万里路",开阔眼界和心胸,才能真正了解这个世界,才能在这个广阔的世界中了解自己。

待到沈德鸿升入中学三年级的时候,湖州已处于辛亥革命的前夜,剪辫子风潮就是最明显的革命前奏。那时候,中国的男子,无论满族,还是汉族,都得留一条长长的辫子。这个辫子,凝缩着一段血腥而沉重的历史。鲁迅先生曾多次激愤地说过,他之所以参加和拥护辛亥革命,就是因为痛恨这条辫子。

这条辫子很讲究。前半个头顶要剃光,后脑勺上留辫子。沈德鸿自然也不例外。男子留这种式样的辫子,原是满族人民的风俗习惯。汉族没有这种风俗。直到明朝,汉族的男子一向是留长发、不剃头的,并且把长发在头顶上打成结,或扎头巾或戴帽子。清朝入主中原时,为了征服汉族,曾实行了一条残酷的法令,叫作"留发不留头,留头不留发",用武力强迫汉族男子一律服从满族男子留辫子的风俗,谁不服从,就格杀勿论。

当时,成千上万的汉族男子,就是因为不能接受这条辫子而血流成河。

到沈德鸿出生的时代,男子从小就习惯于留辫子,每天早晨像妇女一样,也得梳头编辫子。除了和尚、道士,世俗男子如果不留辫子，脑后空空荡荡，反而显得特别，显得古怪，显得别有用心，也就特别引人注目。人们就会议论：这家伙怎么没留辫子？我大清上自天子下至黎民百姓都留辫子，这家伙却没留，轻则视为古怪，看不顺眼，重则会认为这家伙莫非要造反。于是有人揭发告官，把这家伙抓起来杀头。

这一来，辫子就与脑袋有关系了。清朝政府是不许剪辫子的，你剪辫子，就是造反，造反就得杀头。革命党是要剪辫子的，不剪辫子就是清朝的奴才。革命成功以后，会怎么样呢？于是辫子的问题也就复杂起来了，各种各样的心理和行为也就出来了。

由于清朝政府已腐朽不堪，一些学者，例如章太炎，就主张宁可掉脑袋，也要剪辫子。他也是从这个角度大力鼓吹革命的领袖之一。在当时，剪辫子就成了与清朝政府势不两立的行为和革命的象征。像孙中山、章太炎等人，早已把辫子给剪了，所以他们在国内就得行动隐蔽，且要经常住在国外。但是这些革命领袖或坚定的革命者，在当时毕竟是少数人。待到大量的报刊和书籍反复宣传革命，反复痛斥"索虏"，把留辫子视为奴隶的象征，觉悟的人也就越来越多。剪辫子成为一股社会上的风潮，则是在辛亥革命的前夕。然而，有人坚定，也就有人犹豫。我们看鲁迅先生的小说《风波》所描写的就是这段时间因辫子而引起的风波。辫子是剪还是留？剪了以后，是否需要装假辫子？人们紧张、疑虑，风波迭起。之所以会如此，就是因为社会上对辛亥革命究竟能否成功，存在着不同的猜想和不同的传言。

沈德鸿在湖州中学也知道了留辫子是奴隶的象征，剪辫子风潮已在校园涌动。有两三对同学已经剪去了辫子。剪辫子总是成对的，因为那时剪辫子需要点勇气，往往像比赛、打赌。一个说："留辫子就是奴隶的象征，你敢剪不敢剪？"一个答："你剪我就剪！"于是，一对辫子就剪掉了。

也就在那段时间，卖假辫子的生意特别好。因为已剪了辫子的，无论是出于恐惧，还是出于策略，一旦风声对革命不利，或者清朝政府采取了什么措施，为安全起见，就得装上假辫子。当沈德鸿在湖州中学上三年级时，鲁迅先生也在绍兴的一所中学教书，不得已，连他也买了一条假辫子，时而装上，时而拿掉。我们都知道鲁迅先生的骨头是最硬的，可是，总不能为了硬骨头不装假辫子，而把命给丢掉吧。正是因为他对这一切有亲身经历和体验，才会写出《风波》，而且写得惟妙惟肖，入木三分。

沈德鸿当时年龄太小，剪不剪辫子，还得要问母亲。在湖州中学，他还没有把辫子彻底剪掉，但也不能维持旧貌，无所表示，否则"留辫子是奴隶的象征"，岂能甘心？他把辫子剪去了半截。留下的半截辫子，末梢蓬松，有点像小姑娘的辫梢。湖州中学的"文学家"，在剪了辫子和没剪辫子的人眼中，又成了不男不女的奇形怪状。假如他不知道"留辫子是奴隶的象征"，每天梳头、编辫子，倒也心安理得，习惯自然。可是他已经觉悟了"留辫子是奴隶的象征"，"光头是革命党的标志"，自己却又只能剪去半截，这半截辫子算什么呢？一半是兴奋，一半是痛苦；一半是希望，一半是烦恼……以至于几十年后，他在回顾自己的这段历史时，说过与鲁迅先生不约而同的话，辛亥革命的最大成功，就是他不必为这条讨厌而要命的辫子烦恼了。

人人都有天天见面、日日相处的生活圈，社会大环境即使犹如春光融融，如果这个小圈子使你犹如穿着湿布衫，那才真是难受且不得安宁。沈德鸿在湖州中学有一位姓张的同学，我们就称他张生吧。张生比沈德鸿年龄大得多，已经二十多岁，又比他低一级。沈德鸿刚入学时，他也是新生，考入了一年级。张生一来，就令大家觉得他古怪。这倒不是辫子问题，而是说不清道不明又根本不好说的问题。其实连问题也不是，就是大家感觉不自然，觉得他古怪。

一位同学公然议论，说张生看起来好像男的，可是嗓门那么尖，说起话来像女人；天气这么热，我们穿汗衫短裤还热得直冒汗，可他还是穿得那么严严实实，可疑。他这么一公然议论，也就一传十，十传百，闹得人人皆知，张生自然成为许多目光的焦点。可是张生身材高大，力气

也大,举重、翻单杠比别人都强。那位大同学不自量力,当着张生的面,竟然还要嘲弄张生。张生又气又恨,把那位大同学痛揍一顿。力气大又加上满腔怨恨,岂不把他揍得鼻青脸肿。

张生于是便和年龄小的同学一起玩耍,乐意亲近小同学。他越是寂寞,就越是和小同学亲近。沈德鸿年龄既小成绩又好,他也就和沈德鸿特别亲热。这一来,大同学们又有话题了,一个个嬉皮笑脸,盯着沈德鸿问这问那。沈德鸿又气又恨,却也无可奈何。他就像整天穿着湿布衫一样,气恼、烦躁、难受,可是脱又脱不掉,哪能安心读书呢。就算是"大丈夫当以天下为己任",想开一点吧,他也只能迁地为良,三十六计,走为上策。

凯叔对他说过的嘉兴中学的种种好处,在沈德鸿的此境此情中,益发显得好上加好了。嘉兴中学既然那么好,此地又不宜于自己,他便打定主意准备转学到嘉兴中学去。大概母亲也不会不同意吧。这一回可是沈德鸿自己拿的主意,也是他自己第一回拿主意,不知母亲会怎么想。

三、嘉兴中学——希望和失望

1911年,是农历辛亥年,也是清朝宣统三年,这是中国历史上一个翻天覆地的年头。这年夏季,沈德鸿耐着性子，读完了三年级的课程，告别了他求学两年的湖州中学，满腹心事地回家了。

一到家，他就向母亲讲明了自己想要转学的主意和原因。母亲考虑的可不这样简单。虽说费表叔也在湖州，但也未能照顾沈德鸿。凯叔在嘉兴，又毕竟是自家亲叔叔，总有个照应，转学是可以的。但嘉兴中学究竟怎样，转学怎么个转法，能否插入四年级，这些她都不清楚。于是，她就把凯叔请来，要详细问个究竟。

凯叔自然赞成沈德鸿转学。他就一五一十把嘉兴中学夸奖一番。他说，嘉兴中学的数学老师，不但学问好，而且教学方法更是特别好。在课外时间，数学好的同学都会自动来帮助数学差的同学。总之，在嘉兴中学学数学，那是再好没有的了。又说，转学并不难，只要把湖州中学三年级的成绩报告单交给嘉兴中学的学监（相当于我们今天的校长），就可以插入四年级。

他这么一说，母亲就放心了。嘉兴中学的数学教学既然那么好，那沈德鸿就可以实现他父亲的遗嘱了。转学这么方便，年份又不吃亏，照常升入四年级，那就转吧。可是凯叔却悄悄告诉沈德鸿：嘉兴中学的校长叫方青箱，是个革命党，大多数老师也是革命党，所以学校里光头多，学生剪了辫子的也多。凯叔自己就已经把辫子剪掉了。也许是他的假辫子太像真的了，连母亲都没察觉。

转学的事既然已经决定，开学后，沈德鸿就到嘉兴中学插入四年级读书了。

来到嘉兴中学,果然像凯叔所说,有许多光头,但校长方青箱却装着假辫子。他是校长,也就不得不经常和官府打交道。和湖州中学一样,嘉兴中学也是一所公立学校,或者说是官办学校。它的教育经费应由官府拨给。方校长自然很清楚,光着头进官府,等于去自投罗网,因此假辫子是必不可少的。假辫子和现在的假发套安装的方法不同。假发套只要套上头就可以了,套上取下都很方便,也不伤头皮。假辫子却得粘在后脑勺上才行,粘上去撕下来,都不太方便,头皮也不免受苦。

也果然像凯叔所讲,嘉兴中学的校风讲究的是平等、民主。老师经常到学生的自修室来,和学生聊天,说说笑笑,或是帮助学生补习功课,一点也不拿架子。师生关系和谐融洽。

可是,湖州中学太不重视数学,嘉兴中学又太重视数学了。这所中学的数、理、化老师,大多是从日本回来的留学生,专攻理科,对数学教得也就特别认真。沈德鸿在湖州中学所学的数学课程,要比嘉兴中学的进度慢了一年多。嘉兴中学的数学课,不但代数要比湖州中学快一年多,而且沈德鸿在湖州中学读三年级,居然压根儿没有学过几何,这边却已经教了一年多。他在这里上四年级,可是数学程度还不及三年级。这下可把沈德鸿急坏了。这也难怪,他所进过的学校都是偏重文科的。而数、理、化的学习是循序渐进、一环扣一环的，前面的内容脱了节，新课就难学了。

好在老师又热情又负责，常来学生自修室了解沈德鸿的学习情况。他的几何老师叫计仰先。计老师在学校很受学生尊敬。他不但学问好，而且是革命党。他鼓励沈德鸿说，数学并不难学，只怕中间脱节。要是中间脱节，或者前面的内容没学会，就得赶快补上去。他了解到沈德鸿的学习情况后，就叮嘱他要迎头赶上，还特地嘱咐班上的"数学大家"抓紧给沈德鸿补课。可是这样一来，沈德鸿既要补旧课，又要上新课，不但要补几何，还要补代数。要补上所缺了一年的代数和几何课程，那可不是三天两天的事。数学老师抓得紧，"数学大家"也补得紧，弄得沈德鸿自己也觉得，如果数学补不上去，又怎么对得起老师和同学。他大概没有预料到，自己这一转学，就从高才生转成了落后生。从此，他也就只能全身心沉浸在数学里，忙于补课，忙于迎头赶上了。

在中学读书，只要有一门主课明显落后于老师的教学进度，而又想迎头赶上，那时间的紧张、精神的紧张就不用说了。好在沈德鸿的国文和英文程度高，这方面已不要花多少力气。可是，嘉兴中学的这两门课也都引不起他的兴趣。

英文老师确实是梵皇渡毕业的，却使他大失所望。在他眼中，他的英文老师是半个洋人，英文确实不错，可是中文程度太差，只有小学程度，竟然把"辎重"读成"脑重"。他采用的教材也让沈德鸿不满意，竟然是文选和文法合一，据说还是圣约翰大学一年级用的书。这种教材，比起湖州中学英文课采用的《泰西三十轶事》差多了。这些且不说，对于教材中的许多英文词汇，老师竟不知道对应的中文意思，反而要学生帮忙查字典。

可是，他之所以转到嘉兴中学来，并不是因为这里数学程度高，而是因为英文老师都毕业于梵皇渡。结果，希望变成了失望。

国文是他最喜爱，也是最擅长的，每到一所学校都有不少新收获。殊不料，这里的国文老师虽然也有不少名家，可是所教的课却又让他失望。

国文开了四门课，朱希祖老师是一位很有名的学者，但他教的是《周官考工记》和《阮元车制考》。这都是很冷僻的学问。前者是从古书《周礼》中的隐约记载，来查考古代的工艺技术，后者是专门查考那时候造车子的方法。沈德鸿一听这些课就头痛。马裕藻老师也是很有名的学者，他收藏了许多很珍贵的古典小说的旧版本，可是他不教小说，而教《春秋左氏传》。这是"五经"之一，也是一部历史书。沈德鸿曾读过一点，但兴趣不大。朱蓬仙老师教修身课，自编讲义，但通篇都是集句。集句也就是把古书里现成的句子挑出来，编在一起成一部讲义。这也引不起沈德鸿的兴趣。这三位老师都是革命党，可是教书归教书，一点儿也不谈书本以外的事。这更让沈德鸿觉得扫兴。

还有一位老师叫朱仲璋，和沈德鸿的父亲本是熟人，又是和卢鉴泉表叔同时考取的举人。他教沈德鸿写作。沈德鸿自从上学以来，作文一直受到老师的夸奖。可是这位朱老师看了他的作文，却不以为然。

一天，朱老师找来沈德鸿，先是称赞了他文思开阔，但又不满意地说，沈德鸿的作文有点"小说调子"，就像写小说似的，这不好，以后应当注意改正。他知道沈德鸿喜欢看小说，也知道沈德鸿的父亲允许他看小说。朱老师告诉他，看看小说也可以，小说里也有好的文章。但现在不能看，要等到文章立定了格局，然后再看小说，就没有流弊了，以后还是多看看《庄子》《韩非子》，这对作文有益处。

沈德鸿当然尊重朱老师的意见。可是朱老师衡量作文的标准同八股文的标准差不多。做八股文时，是一点儿也不能采用小说里所用的词汇和表现方法的。沈德鸿的作文的确吸取和采用了小说的一些表现手法，这一点我们可以从他在植材高小时的作文里看出来。可是，如果沈德鸿按朱老师所讲的，戒除这种方法，那可就糟了。幸好，沈德鸿虽然尊重朱老师的意见，但也不以为然。

其实，这个时候沈德鸿哪有时间再去看小说，读《庄子》《韩非子》呢？他忙补数学还来不及呢。

在沈德鸿转到嘉兴中学上学一个多月后，1911年10月10日这一天，武昌起义爆发了。这个日子就是辛亥革命纪念日。这个消息一传开，全国各省响应，然而结果也并不像许多人久已期待的那样。

嘉兴并不处于革命的中心地区，虽然从这里到上海的火车只需三小时，但当地的报贩早已不敢卖上海的报纸了，消息因此不太灵通。忽然有一天，一个学生偶然到东门火车站闲逛，从火车上的乘客手中买到一张上海出版的报纸，才得知武昌起义已经爆发。这个消息一传开，全校立即沸腾起来。什么补数学、迎头赶上、车制考之类，沈德鸿根本无心过问了。他的兴趣全部转移到辛亥革命上去了。

但武昌起义的具体消息，谁也不知道。那天晚上，数学老师到沈德鸿他们的自修室来闲谈，同学们都问他关于武昌起义的消息，连他也说不出什么来，只不过他在临走时，却指着沈德鸿他们几个还没有剪辫子的同学说："这几根辫子，今年不要再过年了。"直到这时，沈德鸿还留着他那半截辫子。第二天午饭后，计仰先老师很兴奋地对大家说："假辫子用不着了。"于是几个同学都兴奋地赶到火车站去买报纸，碰到体育老师，他也兴奋地对还没剪辫子的同学说："现在，你们几位的辫子要剪掉了。"沈德鸿这才和大家一起把辫子剪掉。从此，沈德鸿也成了光头。

第二天，一个走读的学生光着头上街，仍然大受路人注目，被怀疑是上海来的革命党。这使学校的光头们又紧张起来，于是又都装上假辫子。同学们其实只是兴奋地盼望辛亥革命成功，前景究竟如何，谁也弄不清。一场翻天覆地的大革命在嘉兴中学引起的，也只是辫子的风波。

时局在嘉兴中学没有发展，学校照常上课。但大家都急切地想要知道这场革命究竟会如何。然而获取消息的唯一方式，也就是去东门火车站从旅客手中买上海的报纸。可是车站也紧张起来了，报纸也不易买到了。这时，城里米价开始上涨。学校里传言，城里的存米只够供应一个月，学校里的存米只够维持一个星期，现在是有钱也无处买。于是，学生们纷纷要求提前放假。11月3日，上海宣布"光复"，也就是脱离清朝政府的统治，革命在那里成功了。这个消息传到学校后，学校于是宣布放假。

沈德鸿回到家中时，杭州、湖州、嘉兴等处也陆续"光复"。原来，他的校长方青箱和湖州中学的沈校长都率领学生军为这些地方的"光复"在战斗。方校长和沈校长也都成为革命军刚成立的军政府的要员了。他的家乡乌镇，也把清朝政府的官吏打发走，从此"光复"了。

他在家不到一个月，学校来信通知开学。待到他回到学校，才知道那些革命党老师都已到军政府里去当官了。学校又来了一位学监，叫陈凤章，由他负责学校的一切工作。这位新来的陈学监要实行新的制度来整顿校风。他规定，自修时间不许学生往来，不许在自修室谈天，等等。

陈学监倒是认真巡视,要推行新校风。可是,原来平等和民主的校风,也就一扫而空。沈德鸿这才感觉到,革命虽已成功,他们却失去了先前的自由。

沈德鸿和同学们当然不服,就和陈学监捣乱。陈学监手中有权,就给捣乱的学生记过,还挂出布告牌来公示。沈德鸿一看,自己的名字也在上面,得了个记过处分。

这一来可把大家给气坏了。沈德鸿也是又气又恨。到了学期大考的时候,他就用一个纸套装着一只死老鼠,又在纸套外面写了几句《庄子》里的话,把陈学监臭骂一通。大考以后,沈德鸿跟着他的凯叔,以及其他一些同学,相约游览了嘉兴的南湖,又去烟雨楼喝了酒。但沈德鸿是从来不喝酒的,就看着他们喝。大家议论起处分的事,个个又气又恨。回到学校,大家就一起找到陈学监,质问他凭什么给他们记过处分。陈学监根本不予理睬。大家见他无理可说,一气之下就把布告牌给砸了,不过沈德鸿却没有动手。大家见出了气,也就一哄而散,各自回家了。这时学校也已放寒假了。

沈德鸿回到家约半个月后,母亲收到学校寄来的一封信。她拆开一看,原来是学校寄来的通知,通知上决定给予沈德鸿开除的处分。

母亲一看这个通知,不由得发了火,忙问沈德鸿在学校到底干了什么坏事。沈德鸿心里也有气,只说没有干坏事。母亲不信,就叫凯叔来问个明白。谁知凯叔还没等母亲开口，就拿出一张通知给母亲看。原来，他也收到一张同样的通知，被学校开除了。然后，凯叔就把事情的经过原原本本地向母亲说了一遍。母亲听说是因为反对学监的专制所引起的，也就不生气了。

但是以后上学的问题怎么办呢？到哪里去上学呢？母亲问沈德鸿。沈德鸿既不愿再去湖州中学，也想不出哪里可去，无话可答。但母亲也有自己的难处。她没有收入，只有支出，钱也就越来越少，可又得保证两个孩子的读书费用。母亲见沈德鸿一时答不上来，就说："到哪里去读书，可以再想想，但是在年份上不能耽误，你得考上四年级下学期的插班生。"

沈德鸿考虑再三，决定到杭州去。但他没有具体的目标，只知道杭州有两三所中学。那时，沈德鸿才十五岁，母亲不放心。这时候，他家泰兴昌纸店的经理听说沈德鸿要到杭州去报考学校，就给出了个主意。原来，杭州有一家纸店，和他家泰兴昌纸店有生意上的交易。每年那边的收账员都要到乌镇两趟，和经理很熟悉。经理就写了一封介绍信，给沈德鸿带着，让他到杭州交给那位收账员，那边一定会帮忙安排沈德鸿在纸店住宿。母亲觉得这样比较可靠，也就答应了。

沈德鸿满怀希望地从湖州中学转入嘉兴中学，仅过了一个学期，却不料竟落得这样的结果。现在母亲既已同意他的选择，他也就积极准备去杭州寻找可以报考的学校。

这一次,他只得独自去杭州了。凯叔被嘉兴中学开除以后,已转入湖州中学了。

四、杭州私立安定中学——系统的文学知识学习

这时正当寒假期间,沈德鸿打算早点去杭州,先报考了学校要紧。直到现在,他还不知道杭州究竟有哪些学校可供他选择呢。母亲还是不放心。天气这样冷,他毕竟才十五岁,虽说在外面读了两年半的中学,但这次要独自到百里之外的杭州,那里人生地不熟,也不知哪所学校招插班生。可是事已至此,只有让他独自去闯。她给沈德鸿穿上羊皮袍,叮嘱他事事都得谨慎,便打发他上路。

沈德鸿带着他家纸店经理的介绍信,到了杭州,找到杭州的那家纸店和收账员。收账员每年都到乌镇收账,依稀记得见过沈德鸿,很是热情,就为他安排好住宿。

沈德鸿住下后,就查看报纸上的招生广告,才知道杭州现在只有一所私立安定中学招考插班生。既然别无选择,他就决定去这所中学看看。第二天,纸店派人陪他找到安定中学,出乎意外,报考四年级下学期插班生的只有他一人,而且只考国文和英文两门课。他对这两门课很有把握,于是立即参加考试。考完后,他留下住址,就回纸店等待消息。

纸店老板要好好招待一下沈德鸿,就派那位收账员陪他去逛西湖,又在楼外楼吃了饭。

从纸店老板口里,沈德鸿才知道,这所私立安定中学虽是私立中学,却也是一所老牌的新式中学。和湖州中学、嘉兴中学一样,它同样是当时教育改革的产物。当时由一个姓胡的大商人出资六万多元,在原来的旧式书院文讲学庐的原址上改造扩建成新式学校。

现在,虽说杭州已经"光复",可是清朝政府还在进行最后的挣扎,派袁世凯率领北洋新军和孙中山先生领导的革命军对抗,可是袁世凯却想自己独揽中国政权。这里面的关系很微妙,不是沈德鸿那十五岁的头脑所能弄清的。现在安定中学还是实行清朝规定的学制,和湖州中学、嘉兴中学一样,也是五年制。学校所聘请的校长叫王尧,字晋民,是个颇有雄心的校长,把学校办得很有生气。他想和杭州中学竞争,所以正在广招优秀的教师。

看来,沈德鸿所报考的这所学校还是挺不错的。这也意味着,如果能够考取,他将在这里再读一年半的书,然后就可以中学毕业了。

不几天,安定中学发来录取通知书,他已被录取为四年级下学期的插班生。沈德鸿这下心里踏实了,连忙赶回家,把这个好消息告诉母亲,好让母亲放心。母亲见一切顺利,自然很高兴,也就着手准备儿子去杭州求学的行李物件。沈德鸿又可以安心读书了,于是就继续在家专心阅读《昭明文选》。这部《昭明文选》，还是他在湖州中学上学时，从杨老师所讲的《汉魏六朝百三家集》课上得知的。嘉兴中学的一个学期，对他来说，除了失去一条辫子，就是经历了一次失望。现在，他又能从古典文学里获取无穷的乐趣了。

寒假一结束，沈德鸿就去了杭州安定中学。学校开设的数学课程不及嘉兴中学的程度高，他也就不必像在嘉兴中学那样需要补课。物理、化学教师都是从日本回来的留学生，英文、历史、地理教师也都不错。他可以按部就班地完成这些课程。可是，他的主要兴趣已经无可挽回地被文学所吸引。校长也果然聘请到了优秀的国文教师来校任教。当时人称浙江才子的张相恰好担任他们班的国文教师，沈德鸿感到非常幸运。

张老师是文学家，擅长古典诗词。像其他中学的教师一样，他也教他所擅长的。过去在湖州中学，那位杨老师教的古典诗歌就已让沈德鸿大感兴趣。现在这位张老师又用了另一种教法，即直接教学生如何阅读、评论和创作诗词。中国的古典诗词很讲究对仗和声律，既内容丰富，又有很强的艺术性。由于这个缘故，无论阅读、评论还是创作，都得从学做"对子"开始。"对子"也就相当于我们通常所讲的对联。

他常常先出一个上联，解释以后，就让学生对出下联并当场加以批改，说明优劣。有了这个基础后，他再教学生练习写作完整的对联。一次,张老师评论我国最长的对联——昆明大观楼的长联。在对这首长联加以逐字逐句的详细解释后,张老师就让同学按照西湖风光的特点,学写长联,再由他来批改。经过这样的练习和认真的讲解,沈德鸿才悟到作对联要想写得长其实并不难,难只难在要一气呵成,天衣无缝。这在文学创作中,其实又是一个有普遍意义的观点。沈德鸿虽然在写作上已经很有根基,但是对诗词创作的这种基本训练,以前却没有专门学过。现在有名师当面指点,不由得使他大感兴趣。张老师解释过一副非常推崇的对联,一直让沈德鸿记忆犹新。

西湖边有一座苏小小墓。那里的石亭上刻满了对联,都是赞美苏小小的。张老师独独推崇其中的一副短联:"湖山此地曾埋玉,风月其人可铸金。"这副对联的确写得精巧而意味深长。我们要想了解一下中国对联的艺术,那么听一下张老师的解释,的确会获得许多启发。

张老师解释说,上联的湖山,对下联的风月,妙处在于,湖山是实在的景物,而风月则是虚拟的景物。虚拟的景物,总有比喻、借代等含义。在元代的戏曲里,常用风月来喻指歌妓。在这首对联里,就用风月来指代墓中所埋葬的苏小小,因为苏小小曾经是歌妓。上联的此地,对下联的其人,也很妙,因为在中国的传统文化里,一向说天、地、人为三才。上联的埋玉,对下联的铸金,对得太好了。玉纯洁且坚贞美丽,也是指埋葬在这里的苏小小不但美丽,而且坚贞纯洁、品格高尚。铸金这个词包含着一个历史故事。在春秋时代,越王勾践卧薪尝胆,终于消灭了曾经打败自己的吴国。他的一个重要谋士范蠡为这个胜利立下了汗马功劳,起了决定性的作用。胜利之后,范蠡却悄悄地离开了越王勾践,泛游五湖去了。越王勾践就铸造了一座范蠡的金像,放在自己的座位旁边,来表彰范蠡的功劳,使范蠡的形象永垂不朽。这就是铸金这个词的典故。这副对联的作者用埋玉和铸金,来喻指苏小小,是把苏小小推崇到了极致。

张老师接着说,这副对联不仅对仗工整,造句精巧简洁,短短两句话,十四个字,读起来音韵自然、朗朗上口,而且包含了丰富的思想感情,耐人寻味,已达到了很高的艺术境界。别看这是一副小小的对联,却包含了中国诗词艺术最重要的基本原则和追求的艺术境界。比如说,李白的一首诗里有这么两句:"独坐敬亭山,相看两不厌。"世界那么大,现在却有一个人孤独地坐在山前,你看我,我看你,百看不厌,有说不尽的相恋相依之情,有说不尽的心里话。这是一种什么心情?又为什么会这样?意味深长。这在诗词艺术上也是一种隽永。

有同学弄不懂,问张老师,这苏小小只不过是个歌妓,可以说是卑微之人,像那样赞美她,会不会是有点过分呢。张老师微微一笑说,问得好,这就是它的意味深长之所在了。你想,我们这座杭州城,在宋代叫作临安,那时宋朝的许多大臣拥着赵构逃到这里建都,一味地贪图享受,根本不想收复失地。可是那时却出了一个女英雄,就是在长江上击鼓抗金的梁红玉,把金兵打得大败而逃。她也是一个歌妓。那些皇帝大臣地位倒是很高的,可是除了贪图享受,就是搜刮民脂民膏,腐败堕落。梁江玉的地位虽然卑微,可是她比起那些地位很高的皇帝、大臣来,在人格上又如何呢?那个苏小小,几百年来被人歌颂,流传着许多故事,缘故就在于她出淤泥而不染,所以用金玉来称颂她。学文学,首先得学会鉴别人,这倒是"工夫在诗外"了。经张老师这么一讲解,同学们也都豁然开朗,不料小小一副对联竟然还包含了这么多的学问。

张老师诗词写得好,既能把前人的好作品解释得很详细,又能自己当场写诗,解释给学生听,再让学生学着写,并把这算作学生的作文。他对学生的习作,总是当面批改,加以说明,好让学生及时知道自己究竟写得怎样。从而他也就把文学理论和创作训练结合起来,既使学生感到亲切,容易听懂,并得到及时的练习和巩固,又减轻了负担,在轻轻松松之中就学到了切实的知识。沈德鸿对张老师的课,一直怀着浓厚的兴趣,学得主动而又活跃,以至直到沈德鸿八十岁高龄,还留有深刻的印象。

从最基本的学做对子开始,到学写对联,再进入诗词创作,沈德鸿跟随张老师系统地学习了古典诗词的鉴赏和创作,并打下了扎实的基础。那时候,中国的古典小说和戏曲,还没有进入中学教学的课堂。古代散文和古典诗词,便构成了中国古典文学教学的两大领域。沈德鸿过去所学的一直偏重于古文。他在这个方面已经打下了良好的基础。湖州中学的杨老师唤起了他对古典诗词的浓厚兴趣。可惜由于转学,他在这方面的学习中断了,只能通过《昭明文选》来自学。张老师的国文课,满足了他在这方面的兴趣和求知欲。他在课余已经阅读过大量的古典小说和剧本,课堂教学又使他获得了古代散文和古典诗词的良好基础。这个时候的沈德鸿已经对中国古典文学具有相当全面的知识,以及较好的鉴赏和写作能力了。

沈德鸿他们班还有一位杨老师,他的教法又不同。沈德鸿一开始听他的课就感到惊异,课程是他闻所未闻的,但始终很感兴趣。杨老师所讲的是中国文学的发展史,这是一门程度很高,需要相当大的知识量,以及分析、综合能力的文学课程。在那个时候,中学里没有人开设这样的课,也还没有这样的教材。就是现在,也要到大学里才会开设这样的课程。杨老师能从中国的诗经、楚辞、汉赋、六朝骈文、唐诗、宋词、明代文学的复古运动和传奇,一直讲到清朝末年的文学。难怪沈德鸿感到惊异和兴趣盎然,这不但大大地开阔了他的眼界,丰富了他的知识,而且使他对中国文学发展的全过程有了系统了解。

这一点是他非常重要的收获。井底之蛙见天不大,少见必多怪,因此,不断开阔自己的视野、丰富自己的知识是非常必要的。沈德鸿有了这种发展史的知识和观念，就使他很自觉地把许多零散的知识系统化、条理化，从而形成正确的判断和见解。像这样把知识系统化，其实不但在文学领域，而且在一切知识领域，都是一种必备的能力。一旦达到这个程度，所有的知识也就便于灵活运用，同时能增强自己的分析能力。

杨老师的这门课没有成书的教材，沈德鸿只好边听讲边记录。往往顾了听，就顾不了记；顾了记，就顾不了听。这倒使沈德鸿想出了一个便利有效的好办法。上课的时候他主要是听讲，只记一个纲目。一下课，他就赶快把听讲的内容补记下来。因为已经记录的纲目，能够帮助提醒回忆，笔记也就能记得八九不离十。但是运用这个方法必须很勤奋，一点儿不能偷懒、拖时间，否则就会难以回忆，或记忆模糊、残缺。沈德鸿采用的这个方法和养成的好习惯，在他以后的小说创作中也发挥了作用。

这也与杨老师的教学方法有直接关系。杨老师把学生的这些笔记作为同学们的作文，由他补充批改。这样的教学方法，也使沈德鸿大感兴趣。因为补记讲课内容的过程，既是及时的温习，也是练习表述的过程。杨老师的修改使他所获得的知识更加准确。

三个学期的时间，很快就在愉快而又紧张的学习中一晃而过。沈德鸿以优异的成绩从杭州私立安定中学毕业了。他现在是中学毕业生了。来之不易啊。回首自己的中学历程,整整四年的时间。从十三岁到十七岁,他远离故乡,带着母亲的祝福和期盼,怀着自己的理想,孤身求学,经历了三个中学、许多位老师,终于毕业了。

现在他又带着老师们的祝福和希望,依依不舍地离开安定中学,这所给了他系统的文学知识的母校,也是他所经历的最后一所中学。在那边,在故乡,还有母亲在盼望。他恨不得一步跨到家,用自己努力得来的成绩,唤起他的伟大而孤独的母亲的一丝微笑。

第六章
北京大学预科生

一、关键的选择与收获

沈德鸿回到家,母亲欣慰地迎接他的归来。可是欣慰的微笑只是一瞬间,她是母亲,又是父亲,还是父亲遗嘱的执行者。后面的路还长,她得做好安排。人生的路总是一段又一段,一个选择又一个选择,她和她的儿子现在所要选择的是考什么大学。考大学与考中学不同,需要选择专业,这与未来凭什么立身,以及选择职业都有关系。

母亲早已有计划。还是在1902年,那时沈德鸿的父亲还没有病倒,她唯一的弟弟长寿因患肺痨死了。长寿没有子女。按中国的传统,外祖母就在家族中议定,把蕴玉过继为长寿的儿子。这件事,我们已在上文提到。也就在这时,外祖母从家产里分出一千两银子,给了自己唯一的女儿。沈德鸿的父亲去世以后,母亲要执行遗嘱,就把这一千两银子存入乌镇的钱庄,作为两个儿子将来读理工科的费用。她只是一个家庭妇女,没有职业,没有收入。沈德鸿中学毕业后，这就是她剩下的最后一笔钱了。

那时的钱庄，也就相当于我们现在所说的银行。这一千两银子的储蓄，到沈德鸿中学毕业，连本带息折合银圆七千元。这时已是中华民国二年，公元1913年。清朝政府已被推翻，清朝皇帝已经宣布退位，但那个末代皇帝溥仪还住在原来的皇宫里。忠于他的大臣们正在想方设法复辟帝制。日本人也在打他的主意。上文提到的那个率领北洋新军和革命军对抗的袁世凯，现在已是中华民国的大总统了。袁世凯也想自己做皇帝。日本、英国、美国都在打他的主意，他也在考虑如何利用这些力量。孙中山先生发动了"二次革命"，讨伐袁世凯，南方好几个省在打仗。在中国的历史上，这时正是北洋军阀政府统治时期。军阀割据，天下大乱，内忧外患，物价飞涨，比清朝末年的情况还要糟糕。以至于鲁迅先生这时也非常痛苦，觉得革命以后，只枉然失去了一条辫子，所谓"共和"只是一个空招牌。他比沈德鸿年长十五岁。母亲一直订阅上海出版的《申报》，她在盘算，物价天天涨，她的这些钱究竟还够两个孩子读几年书。

正当暑假期间，上海出版的《申报》刊登着各大学的招生广告。照她估算，她的这些钱，两个孩子平均分配，只够沈德鸿读三年大学。自己也只有这么大的力量了。既然上大学，就不能半途而废，得找一个只需要三年就可以毕业的学校。毕业以后，孩子也就有了立身之本，可以告慰他们已死的父亲了。

《申报》上刊登了北京大学预科的一条招生广告。北京大学创设预科和本科两级。预科学制三年，分为两类：第一类属文科，毕业后升入本科文学、法律、商学各专业学习；第二类属理工科，毕业后升入本科理工各专业学习。北京大学是中国资格最老，也是最著名的大学，在当时属全国最高学府。它的预科毕业，差不多相当于一般的高等专科院校毕业的程度。北京大学预科是1913年才创办的，属于第一次招生，并且也在上海开设考场，组织招生考试。

母亲觉得，这正好适合沈德鸿。再说，沈德鸿的表叔卢鉴泉，这时已在北京政府的财政部工作。沈德鸿去北京读书，可以得到卢表叔的照顾。于是，她就决定让沈德鸿去上海报考北京大学预科。母亲的考虑总是很周到。

她把两个儿子叫到面前，把那七千元为他们平摊，每人各得三千五百元，为他们分别预备着。她告诉他们说："现在，所有的钱都在这里了。你们每人一份，供你们上学念书用。谁先用完，就得去找职业谋生了。"沈德鸿明白，母亲对孩子一向毫无保留，她在倾其所有供自己和弟弟读书，这也是自己最后一次的读书经费了。

一切料理停当，沈德鸿就前往上海，报考北京大学预科。

到了上海，他才知道，预科第一类招生考试只考国文和英文。对这两门考试,他有足够的信心,不成问题。预科第二类招生考试,需要考数学。母亲经常提醒他,按照父亲遗嘱,他得考理工科。那他只能报考预科第二类才行。然而报考预科第二类,就得考数学,可是自己的数学不行,没有把握。考第一类,母亲肯定会失望。她已经含辛茹苦那么多年,念念不忘父亲的遗嘱,指望自己考上理工科。因为自己在数学上的短板,而让母亲承担不能严格执行遗嘱的内疚,自己也会悔恨终身。但如果考试失败,母亲肯定也会失望,而且失望更大。因为自己的选择不当,不自量力,而让母亲承担没有教好儿子的内疚,自己也会悔恨终身。

沈德鸿考虑再三,两害相权取其轻,只有选择预科第一类。第一场考国文,回答中国文学和学术源流的几个问题。第二场考英文,填空、造句、改错、英译汉、汉译英,然后是口试。都不难,顺利考完,便回家等消息。

一个多月后,《申报》的广告栏刊登出北京大学预科录取新生名单。正在焦急盼望之中的沈德鸿,在名单中怎么也找不到自己的名字,可是却发现一个"沈德鸣"。会不会是因为"鸿""鸣"字形相近,学校给弄错了呢?家里个个关心,人人也这么猜测。焦急盼望中的人,总是往好处想。果然,学校的录取通知书不久就寄来了。沈德鸿被录取为北京大学预科第一类新生,他仿佛是注定了只能读文科。

沈德鸿既高兴又为难。母亲也无可奈何，知道他已不可能按照父亲的遗嘱立身了。他的兴趣和能力，既已如此，能考上总比落榜强。要是他选择了预科第二类，那结果，看来差不多就得名落孙山，只好到家里的纸店里学做生意了。既然如此，不如就让他自由发展吧，何必把他限定住呢。母亲只好默认了沈德鸿自己的选择。料理好一切，她就打发沈德鸿进京求学。这一次，她送出家门的已经是大学生了。

沈德鸿来到北京大学，进入了一个新的学习环境。这里有宁静的校园、丰富的藏书、学问高深的教授，他可以潜心学习他所爱好的各种学问了。

可是在听了许多课以后，他才明白，渴望上大学的人，因为还不了解大学，会把大学看得很高深、神圣。其实，即使在北京大学这样的最高学府里，真正的好教师，也还是难得一遇的。他不了解理工科的情况究竟怎样，在他们这属于文科的预科第一类，就让他既遇上了叫人失望的老师，也遇上了令人受启发的老师。俄国的大作家契诃夫说过，大学培养人才，同时也造就蠢材。真是别具只眼，洞察幽微。在求学的道路上，关键还是靠自己。只有明白了这一点，他才不会被失望干扰自己的心情，无论对什么课，都得耐心地吸取精华，丰富自己的头脑。学会自学的方法，才是最重要的。

沈尹默教授教他们国文，使他很受启发。学习文科，自然需要博览群书，书读得少，是绝对学不好文科的。杜甫说："读书破万卷，下笔如有神。"那是他的经验之谈，也是很有道理的。至于如何博览，就全靠自己的勤奋了。可是书那么多，有重要的和不重要的、写得好的和写得不好的。有些书虽然长篇大论，可是真正有价值的部分，只有几句话。而人的时间有限，读书就得有选择，就得讲究方法。老师的作用，也就在于传授这些方法，指出哪种学问里有哪些书最基本、最重要。对这些书要反复精读，真正弄懂，就会受益无穷。无论想要了解什么知识，研究什么学问，首先应当找有关这门知识和学问的最重要、最基本的书来精读。至于一般的书，不必精读，但要自己多多浏览，了解它的大意。这样日积月累，知识也就日益丰富。知识丰富起来后，目光就会越来越敏锐，就越容易发现问题。发现了问题，就可以做专门的研究了。那些成功的学者，都有这样精读又兼博览的学习过程。

从小学到中学，沈德鸿一直都喜欢读书，很多古典小说、古文诗词都读过，诸子百家也读过几种，中国、外国的历史、地理也学过。可是大学时代的确要更进一步了，不但要博览群书，而且应当自觉培养鉴赏水平、发现问题和解决问题的研究能力了。他也觉得沈教授讲得很有道理。老师的确只不过起个引导作用，不能代替自己读书，更不能代替自己思考、分析和判断。比如，有位陈教授所讲的中国历史课，叫人想起来就觉得有些难以理解，好像还有些古怪。

这位陈教授叫陈汉章,和章太炎是同学,在清朝末年的时候就已经是赫赫有名的学者了。然而,他的确有些古怪。那时的京师大学堂就因为他的名气大,才聘请他来当教授。可是他不肯当教授,却要在京师大学堂当学生。这下反把聘请他的人弄糊涂了,不知他存了什么心。这倒并不是他故意让人为难,而是他有他的想法。他听说京师大学堂毕业的大学生,可以点翰林,算作"洋翰林"。他就是冲着这个名声来的。他一生的一大志愿就是想被点翰林,可是一直未能实现。所以他宁愿不当教授,也要当学生,因为只有当了学生,才能获得一张京师大学堂的毕业文凭。有了这张毕业文凭,岂不就实现了自己的翰林梦了吗?那时候,他已有五十岁了,还真的在京师大学堂正正经经做起学生来了。不料辛亥革命爆发,推翻了清朝政府,陈汉章的翰林梦才被打破。

沈德鸿记得自己在植材高小参加过的"童生会考"。那时候人们纷纷传言,小学毕业相当于秀才,中学毕业相当于举人,大学毕业相当于进士,只有进士才可以点翰林。"童生考试"就曾引起乌镇人的一阵兴奋。想不到,现在看来,还真有这回事。照这么说,自己也就相当于举人了,可是父亲用功了一生,才是个秀才。按这位陈汉章的心理,就怪不得曾祖父拼命逼着自己的儿孙考科举。这位陈汉章其实也就是那个时代的典型。

社会的心理真是复杂。在别人看来古怪的现象,在他本人看来却觉得理所当然。可是别人为什么会觉得陈汉章古怪,陈汉章又为什么会对点翰林那么梦寐以求呢?看来,人也和书一样,各有宗旨和特点,聚合在一起,就非常复杂。沈德鸿觉得,世间原有两类书都得冷静认真地读,一类是写在纸上的书,一类就是社会这部活书。而写在纸上的书,又都是活人写的。要真正读懂这两类书,不仅知其然,而且要知其所以然,自己实在还有太多的"为什么"要追问,要研究,要去寻求它的答案。

京师大学堂改为北京大学后,仍然聘请陈汉章当教授。现在,这位陈教授就教沈德鸿他们中国历史课。陈教授到底是赫赫有名的大学者,他能从中国的春秋战国时代的诸子百家讲起,顺流而下。沈德鸿在中学虽也读过《孟子》《庄子》《论语》,知道一些"子",但没有这么系统。可是陈教授讲着讲着,就又古怪起来了。他常常把西方直到近代才形成的自然科学,说成中国春秋战国时代诸子百家的书里早就有了。比如说吧,西方人现在有的飞机,那在我们中国很早的时候就有了。你看,《列子》这本书里不就有"飞车"的话吗?可是中国现在又怎么没有了呢?陈教授就说,那是因为中国古代的发明失传了,所以现在也就没有了。它虽然在中国失传了,但是被洋鬼子弄去了,所以他们有了,我们反倒没有了。

沈德鸿知道,陈教授的说法实际上代表了当时一种流行观点。因为社会上已有许多知识分子主张学习西方，来改革中国的社会和文化。但还有另一些人觉得这是崇洋媚外，贬低中国，就反其道而行之，主张"复古"。主张"复古"的人就用这种方法来反对人们学习西方。在当时，中国的科学技术远远落后于西方，这是人人皆知的事实。复古派也无法否认这一点，只好就说这些东西在中国的古代早就有了，想以此证明中国比西方强。既然如此，那就不必学习西方，不如学习中国古代的做法为好。对待同一事实，解释却因人而异。自然，这也有点想要鼓动民族自信心的意思。

可是这么一来，倒正合了袁世凯的意。袁世凯也正在鼓吹复古。中国古代实行的是君主专制，皇帝一人说了算，也就是帝制。一复古，他就可以理所当然地由大总统变成皇帝了。那时，他正在做这种皇帝梦。孙中山先生正在组织力量讨伐袁世凯，准备推翻北洋军阀政府。这种斗争，一直延续到我们在上文所讲的北伐战争。

不过，这时候，沈德鸿作为北京大学的学生，就对陈教授的这种说法不以为然。他知道陈教授也未必喜欢袁世凯，但是，就算是为了鼓动民族自信心，反对崇洋媚外，也不能靠牵强附会来歪曲历史故意撒谎啊。这样做，不是更拙劣吗？研究历史就得实事求是，否则还怎么能获得真实的历史经验和客观的真理呢？

一天，他听完陈教授的课，终于忍不住了，在教室里说，陈教授哪是在讲历史，而是在"发思古之幽情"，"振大汉之天声"。这话有点讽刺的意味。"大汉"原指大汉族。

陈教授是堂堂教授，又是著名学者，被自己的学生讽刺，而且又刺中了要害，觉得有失脸面。当天晚上，他就派人把沈德鸿找到他家去，好言对沈德鸿做了解释。他说，他这样讲历史，固然有些牵强附会，但本意倒确实是想打破人们盲目崇拜西方、妄自菲薄的风气。他还说，现在代理北京大学校长的胡仁源就是盲目崇拜西方的人。

陈教授总算是诚实的，还敢于向自己的学生承认错误，说明自己的用意。不过这倒也更引起沈德鸿的思索，盲目崇拜西方，固然是妄自菲薄，可是不敢正视历史事实，找出中国之所以落后的真实原因，不也是一种妄自菲薄吗？他就想自己来研究一下中国的历史，弄清历史的本来面目。

卢表叔原是清朝的举人，和沈德鸿的父亲既是亲戚也志同道合，都是维新派。这时候，他在财政部当公债司司长。他本来就很喜欢沈德鸿，对沈德鸿在植材高小"童生会考"时所写的《论富国强兵之道》赞不绝口。沈德鸿到北京大学预科读书后，他每个星期天都要接沈德鸿到他家去玩。沈德鸿见他藏有一套二十四史，就想要向他借阅。二十四史是指从司马迁《史记》、班固《汉书》、范晔《后汉书》、陈寿《三国志》，以及两晋、南北朝、隋、唐、五代、宋、辽、金、元,直到明朝的各代史书,共有二十四部,所以简称二十四史。当时清史还没有编写。这是一套卷帙浩繁的书,一向被视为中国的正史,也是了解和研究中国历史的基本资料。其中又以《史记》《汉书》《后汉书》《三国志》写得最好,常被简称为"前四史"。

卢表叔见沈德鸿要借这套书看,欣然同意,还对沈德鸿说,二十四史是中国的百科全书,的确应该好好读一读。如有看不懂的地方,可以问他。

那时候,沈德鸿的母亲因家庭经济已很紧张,而北京、乌镇两地间路途遥远,往返费时又费钱,沈德鸿在北京又有卢表叔照顾,就写信告诉沈德鸿,假期也可以不回家。

沈德鸿就充分利用假期的时间,先精读了《史记》。《史记》是中国第一部纪传体史书,是司马迁在遭受酷刑后,强忍着巨大的悲痛,不屈服于皇帝的强权,发愤写成的。他要以这部史书来"究天人之际,通古今之变,成一家之言"。"究天人之际"是指探究世界的奥秘和真理,"通古今之变"是指要弄清社会变迁的原因,而"成一家之言",也就是说,要不屈服于任何外在的权威,实事求是地表达出自己的独立见解。因而这部《史记》集史学、哲学和文学于一身,记载和论述了从黄帝开始,至汉武帝太初四年,约三千年的历史和文化变革。司马迁发愤著书的坚强意志,和"究天人之际,通古今之变,成一家之言"这种追求真理的写作态度，都是后人宝贵的精神资源。这部《史记》是一部伟大的著作。鲁迅先生曾称它为"史家之绝唱，无韵之《离骚》"。《离骚》是屈原最著名的诗歌，也是中国文学最杰出的著作之一。沈德鸿精读了《史记》后，接着精读了"前四史"中的另外三部，然后又把其余各史都浏览了一遍。

沈德鸿在通读了二十四史以后，也对卢表叔的看法有了自己的体会。二十四史的确是中国的百科全书。它以史学为基础，以历史记载的方式，融汇了文学和哲学，司马迁的《史记》就是这种典范。这也是中国文化的一个重要特点，史学、文学和哲学三者融会贯通，有着密不可分的联系。由于这个缘故，从小学到大学，国文课上要讲诸子百家，要写史论；历史课上也要讲诸子百家，讲历代典章文物的沿革，只不过各有侧重而已。

在北京大学预科读书的三年间，他除了在课堂上学习了历史、地理、文学和哲学，还在课余时间花大力气精读或浏览了中国的二十四史。这使他对中国的历史文化有了完整系统的认识，也为他深入地了解中国社会，依据过去和现在的事实推想未来，打下了扎实的知识基础。

沈德鸿从植材高小开始就学习英文，进入北京大学预科后，则进一步学习了外国文学。

教外国文学的是外籍教师，给沈德鸿他们讲英国作家笛福的海上冒险小说《鲁滨孙漂流记》和司各特的历史小说《艾凡赫》。这两部小说现在都有很好的中译本，在当时也有文言文的中译本。那时有一位叫作林琴南的文学家，把《艾凡赫》的题目意译为《撒克逊劫后英雄略》。这部小说所描写的便是撒克逊农民反对英国封建贵族的历史。司各特是19世纪英国著名的历史小说家。笛福则是18世纪英国的著名作家。他的这部《鲁滨逊漂流记》，讲的是鲁滨逊因乘船失事，流落到一个荒岛上，经过个人奋斗，在岛上生活了二十八年的故事。不过，外籍教师所讲的是英文原著，也用英语解释，同现在的教学方法差不多。

但是最让沈德鸿感兴趣的，是另一位美籍教师的英国文学课。他的教学方法很好。他给沈德鸿他们讲了莎士比亚的戏剧，详细讲解了《麦克白》《哈姆雷特》《威尼斯商人》等莎士比亚的作品。莎士比亚是文艺复兴时期英国的戏剧家，也是英国最杰出的作家。直到现在，英国人仍然把他视为英国的骄傲，就像我们中国人把《红楼梦》视为中国的骄傲一样。并且，他的作品现在仍然在全世界流传不息，研究不止，被视为典范的英语文学。

在这位老师的引导下，沈德鸿开拓了外国文学研究的视野，领略了典范的英语文学。一个学期以后，教师又开始指导学生用英文写作论文。他的教学法也相当灵活而有效。他只出个题目，由学生自由发挥，然后再由他批改。

写作外国文学论文，分析、解释和评论一部外国文学作品，总需要自己去寻找许多参考材料，阅读许多相关的外国文学作品。但是那个时候，已经翻译的外国文学作品还比较少，而且翻译得不太好，只有通过英文资料和英文原著来获取必要的知识。沈德鸿因此阅读了大量的外国文学作品的英文原著和英文背景资料。这使他的英语能力大为长进，外国文学的研究能力和英文写作能力也得到了训练。

在北京大学预科的三年间，他已经能说流利的英语，用英文自由地写作论文，而且获得了丰富的外国文学知识，并且对西方文学产生了浓厚的兴趣。

1916年6月，沈德鸿从北京大学预科顺利毕业。这时，由于勤奋，他已精读或博览了大量的中国与外国的书籍，已拥有中国历史文化和西方文学的系统知识。这些知识，既成为他进入社会的立身之本，也成为他在广阔而又复杂的社会进一步施展才能的坚实基础。这不仅有助于他自己对比中西文化，洞察纷繁复杂的社会真相，去寻求和发现人生的真理，而且也由此用他的作品启发和照亮别人。

二、走进社会

母亲为沈德鸿准备的读书费用，只够他读完预科。眼看沈德鸿就要毕业了，得设法寻找一个合适的职业。在沈德鸿读预科二年级时，凯叔从中学毕业了。卢表叔出面保荐凯叔到中国银行当练习生。卢表叔在财政部做事，有这个能力。沈德鸿毕业前夕，母亲就请祖父写信给卢表叔，请他也帮沈德鸿找个合适的职业。同时，她又想到，卢表叔在财政部做事，也许在政府和银行方面熟人多，说不定他也会把沈德鸿介绍到这里面去。这是她不愿意的。于是，她自己又给卢表叔去了一封信，一方面请他帮忙，一方面请他不要为沈德鸿在官场和银行找职业。

沈德鸿入学时已明白，母亲已经倾囊殆尽，预科毕业后自己就不得不结束学生生涯，告别北京大学。这时候，他刚刚二十岁。母亲抚育了他，现在，他得寻找一份职业养活自己，也得回报和赡养母亲了。毕业后，他便先回家看望母亲。

回到家，母亲就把已托卢表叔找工作的话告诉他，让他耐心在家等待。她觉得，卢表叔在官场和银行或许容易找到职业，除此之外，他也未必就能马上找到合适的职业。

可是出人意料，沈德鸿在家等了不到一个月，八月初，就收到卢表叔的来信。信里同时还附了一个叫孙伯恒的人写给张总经理的推荐信，推荐沈德鸿到上海商务印书馆工作。卢表叔在信中让沈德鸿赶快去上海见这位张总经理，不要错过这个机会，还特地告诉沈德鸿，这位张总经理是怎样的人。

　　这位张总经理叫张元济，也是浙江人。他倒是在清朝考中进士，又被点了翰林的人物。但他是维新派，主张学习"西学"，也就是西方的自然科学和社会科学，主张变法改革。1898年，他曾积极参加了戊戌变法。慈禧太后发动戊戌政变后，本想杀了他。但光绪皇帝比较器重他，就向慈禧太后求情，改为把他革职，永远不再叙用的处分。这时候，他才感到这个清朝政府已经无可救药，转而从事教育救国，曾出任上海南洋公学译书院院长。这所南洋公学，就是现在上海交通大学的前身。后来清朝政府又任命为他学部副大臣，即相当于教育部副部长，他也不肯去。他在当时，既是翰林，又是著名学者，还能说一口流利的英语，在社会上的名气很大，尤其在知识界很受尊重。像这样一位身份显赫的人物，怎么会进商务印书馆当总经理呢？这商务印书馆又是怎么回事呢？沈德鸿当时并不知道。

　　商务印书馆的创办者叫夏瑞芳。他原来在外国人办的报社里当排字工人，因为想要摆脱外国老板的束缚，另谋出路，就和几个印刷工人集资，于1897年自己办了个印刷厂，取名商务印书馆。那时候，他看见翻译外国书籍很赚钱，就也想搞出版业。但他是工人出身，没有多少文化，不能判断书的优劣，经常上当，非常苦恼。那时候张元济因为要出书，经常到商务印书馆来。夏瑞芳就虚心向他求教。日子一长，两人也有了交情。张元济见夏瑞芳办事认真负责，对夏瑞芳很欣赏。张元济觉得，出版社对文化教育事业有重大的作用，就说服自己的夫人，变卖了首饰，投资商务印书馆，自己也就成了商务印书馆的一个股东。

夏瑞芳知道，要想办好出版社，必须要请到像张元济这样有学问的人来主持工作才行。于是，他就竭力恳请张元济到商务印书馆来，主持编译所的工作。那时候张元济是大学的院长，就开玩笑地对夏瑞芳说："大学聘请我当院长，那是付了很高工资的，你能聘请得起吗?"不料夏瑞芳毫不犹豫地说："大学给你多少工资，商务印书馆也给你多少，怎么样?"张元济大吃一惊，反而无言以对。但他也不由得钦佩夏瑞芳办企业的魄力和对人才的重视。后来，由于他反对南洋公学的校长办事专断，也对其把译书院管得像衙门一般深感不满，夏瑞芳知道后，就以每月三百五十银圆的高薪，聘请他来担任商务印书馆编译所的所长。

张元济来到商务印书馆主持编译所工作后，制订出版计划，广招人才，编写那时紧缺的中小学教科书，使商务印书馆蒸蒸日上，迅速发展。到现在，它除了出版教科书，还出版各种图书，并且办了十来种杂志。不少留学归国的硕士、博士和著名学者都在这里当编辑。它已是拥有国内一流的编辑人才，资金最雄厚、规模最大的出版机构。它在文化教育上所发挥的巨大作用，也被人们啧啧称赞。

商务印书馆的编译所，就是沈德鸿将要去的地方。但是，张元济已不再是编译所长，而是商务印书馆的总经理了。此时，夏瑞芳已经去世了。他是在1914年被上海的都督陈其美派人暗杀的。夏瑞芳去世后，张元济就接替他做了商务印书馆的总经理。

沈德鸿了解了这些，才恍然大悟，为什么不是卢表叔直接推荐自己，而是请孙伯恒推荐。

说来真是凑巧。沈德鸿想起，毕业之前，在一次浙江同乡的新年团拜会上，卢表叔的儿子桂芳表弟曾向他介绍过孙伯恒。孙伯恒是商务印书馆北京分馆的经理，那时经常找卢表叔，想请卢表叔让他承印公债票。商务印书馆北京分馆有一个京华印书局，设备精良，技术先进，能够保质按时地印好公债券。

原来，袁世凯当上中华民国临时大总统后，先是想当终身大总统，后来又想当皇帝，实行个人独裁。孙中山先生和革命党人，以及像梁启超这些老维新派，都看穿了他的阴谋，纷纷起来反对。章太炎曾指着他的鼻子，骂他包藏祸心，祸国殃民。袁世凯恨不得立刻把章太炎杀了。可是章太炎名气太大，他不敢杀，怕引起全国的公愤，只好把章太炎给软禁起来。

孙中山先生号召全国讨伐袁世凯，许多省又像辛亥革命时那样，纷纷宣布独立，脱离北洋军阀政府，组织讨袁军队。袁世凯多方用兵，加以镇压，连年战争，花费了无数的军费，搞得国库空虚。他一面大肆向外国借款，一面大量发行公债，赖以度日。1915年，日本政府乘西方列强忙于第一次世界大战的机会，为了控制中国，把中国沦为日本的保护国，无限制地攫夺中国资源，便向袁世凯提出"二十一条"秘密条款，作为支持他复辟帝制的条件。袁世凯竟公然承认。后来，袁世凯果然复辟，当上了洪宪皇帝。可是他只做了八十三天的短命皇帝，就在全国人民的唾骂声中一命呜呼。那一天是1916年6月6号。沈德鸿正在参加毕业考试。

袁世凯一死，北洋各路军阀纷纷割据为王，又纷纷争夺总统、总理宝座。北京政府的首脑也就走马灯一般更替。大大小小的军阀战争，没有一天停止过，而名目繁多的公债也就越来越多。广大中国人民在水深火热之中呻吟。

发行公债就得印刷用来推销和兑付的公债券，这对孙伯恒经理的企业来说，自然是一桩大业务。他得争取卢表叔的信任，以便争取到这项业务。卢表叔从孙伯恒这里了解到商务印书馆的情况，知道这是由张元济先生主持的出版机构，是个文化单位。

从小学到大学，沈德鸿是卢表叔看着长大的。卢表叔了解他的才能和志向，也知道沈德鸿的母亲为培养这个孩

子费尽了心血。为沈德鸿介绍职业,卢表叔不能不慎重,得为他的前途着想,也要对沈德鸿的母亲负责。他觉得沈德鸿母亲的决定是对的,她了解自己的儿子。沈德鸿的确不宜进官场、银行这些地方工作。商务印书馆是文化单位,又由张元济那样的大学者主持,这倒是适合沈德鸿去的地方。凭沈德鸿的才能和好学,在商务印书馆工作,既可以谋生,也可以发展。机会就在眼前,不能错过。于是他向孙伯恒介绍了沈德鸿的学力才干,请他代为推荐给张元济。

母亲和沈德鸿都看了来信,觉得卢表叔的介绍很妥当。于是母亲又为沈德鸿准备行装。这一次她送出门的,已不再是学生,而是将要自立谋生的青年了。只可惜,他没能按照父亲的遗嘱去谋生,但愿他一帆风顺。她还有小儿子需要操心。

1916年8月初的一天上午,沈德鸿带着孙伯恒的介绍信,来到上海商务印书馆发行所,向一个售货员打听总经理办公室在哪里。售货员正忙于卖书,把嘴一努,说:"三楼。"沈德鸿走到楼梯口,就被人拦住,问:"干什么?""请见张总经理。"那人用轻蔑的眼光打量了一下沈德鸿,冷冷地说:"你在这里等吧。"沈德鸿见他这样,也冷冷地说:"我有孙伯恒的介绍信。"那人一听,立刻换上笑脸,忙问:"是北京分馆孙经理吗?"沈德鸿掏出印有"商务印书馆北京分馆"红字的大信封。那人忙说:"请,三楼另有人招呼。"

沈德鸿这才意识到推荐的意义,否则连门都进不了,还不知那位张总经理的派头有多大。

沈德鸿来到三楼,没想到又被拦住,"先登记,什么姓名?"登记员说。沈德鸿答:"沈德鸿。"这时大约上午九点钟,登记簿上记载着总经理已经接见过了十六个人。沈德鸿又掏出那个大信封,登记员满面笑容说道:"我马上传达。"说着也就推门进去。不一会,登记员从里面出来,侧身引路,说道:"请。"

总经理办公室宽敞明亮,朴素无华,墙上没有任何字画。一张挺大的写字台,对面的长几上堆着许多中、英文书报。写字台另一面坐着的就是总经理张元济,长眉细目,满面红光。他见沈德鸿进来后,微微欠身,指着办公桌旁的一张圈椅说:"坐近些,谈话方便。"沈德鸿坐下后,张元济便开始询问,读过哪些英文和中文书。沈德鸿回答后,他点点头,说:"孙伯恒早就有信来,我正等着你。我们编译所有个英文部,正缺人,你进英文部如何?""可以。"于是他拿起电话,却用流利的英语向对方说,昨天跟你谈过的沈先生现在来了,马上就去你那里,请你同他面谈。张元济为沈德鸿安排并约定好一切,双手一摊,表示送客。于是沈德鸿鞠躬告辞。

沈德鸿回到旅馆,收拾好行李。不一会,茶房来宝坐着总经理的小汽车,把他连同行李送往已安排好的宿舍,让他立刻再去编译所，会见编译所英文部部长邝富灼。

这位邝富灼是商务印书馆的一个重要人物，在英文部他不说中文。他出身于广东的一个农民之家，生于1869年。十三岁时，为了找出路，他就和同乡的几个青年到美国去当了铁路工人，每周的工资只有一美元。他先是利用晚上的时间自学英语，后来考入中学，毕业后又读了加利福尼亚大学，1905年获得学士学位。后又进了哥伦比亚大学，次年获得硕士学位后回国。1907年经清朝政府考试，授予他进士头衔。这在当时，就是所谓"洋进士"。他曾在广东、广西的几所学校教英文，后又到上海出任上海公学教务长。这是当时难得的人才，被张元济以重金聘请到商务印书馆担任编译所英文部部长。他是为中国人编写英文教材的先驱。在商务印书馆，他编写了几十种各个程度的英文教材，被各级学校广泛采用，为中国的现代英文教育做出了杰出的贡献。张元济对他非常尊重，连在自己的日记里都从不称呼他的名字，而是称他"邝先生"。由于邝富灼在这个方面的杰出贡献，1922年，他在美国的母校授予他博士学位。

编译所英文部原有六个人。邝部长对新来的沈德鸿说，英文部不久前创办了一个英文函授学校，正缺一个批改学生作业的教师，就请他担任这个工作吧。

从此，沈德鸿开始了新的生活。他在商务印书馆的职业既是他谋生的手段，也是他独立生活的基础，更是他进一步发展的新起点。

从此，他告别了自己的青少年时代。回首往事，有乌镇的市河与老屋，父亲的抱负和痛苦，还有那满含着忧虑和父爱的遗嘱。小学、中学、大学许许多多老师的教诲和鼓励，卢表叔拿着自己的作文那般欣喜地张扬……一切都记忆犹新，历历在目，就像刚刚发生的一样。

最让他梦魂牵绕的妈妈，一身同兼三任，是母亲，是父亲，又是启蒙老师。她孤独但坚强的肩膀，她的满腔心血和执着的培养，造就了自己的过去、现在和未来……沈德鸿无愧于母亲和老师的培养，也无愧于祖国和时代。正如他自己对学生们的期待：

> 学生时代，精神当活泼，而处事不可不慎。处世宜乐观，而于一己之品行学问，不可自满。有担当宇宙之志，而不可先事骄矜，蔑视他人。尤须有自主心，以造成高尚之人格，切用之学问。有奋斗力以战退恶运，以建设新业。

他是这么走过了自己青少年时代的艰难历程，一代文学巨匠便是从这个历程中孕育和诞生的。这句话也可以贡献给我们今天的青少年借鉴。